吴韵汉风文丛

主编 刘志彪

江苏百种非遗

李昕 著

江蘇教育出版社

图书在版编目（CIP）数据

江苏百种非遗/李昕著.—南京：江苏教育出版社，2012.12
（吴韵汉风文丛）
ISBN 978-7-5499-2498-1

Ⅰ.①江… Ⅱ.①李… Ⅲ.①文化遗产－介绍－江苏省 Ⅳ.①K295.3

中国版本图书馆CIP数据核字（2012）第286512号

书　　名　江苏百种非遗
作　　者　李　昕
责任编辑　陈爱芳
装帧设计　李广珐
出版发行　凤凰出版传媒股份有限公司
　　　　　江苏教育出版社（南京市湖南路1号A楼　邮编 210009）
苏教网址　http://www.1088.com.cn
照　　排　南京紫藤制版印务中心
印　　刷　江苏凤凰新华印务有限公司（电话025-68037410）
厂　　址　江苏南京市新港经济技术开发区尧新大道399号
开　　本　787毫米×1092毫米　1/16
印　　张　12
版　　次　2012年12月第1版　2012年12月第1次印刷
书　　号　ISBN 978-7-5499-2498-1
定　　价　21.00元
网店地址　http：//jsfhjy.taobao.com
邮购电话　025-85406265，85400774，短信02585420909
E－mail　jsep@vip.163.com
盗版举报　025-83658579

编审委员会名单

序

刘志彪

党的“十八大”报告提出了建设“文化强国”的战略理念，指出“文化是民族的血脉，是人民的精神家园”，并高度重视历史文化的价值和意义，强调要“建设优秀传统文化传承体系，弘扬中华优秀传统文化”。为了探讨和具体实践“传统文化传承体系”，江苏省社会科学院与江苏教育出版社尝试合作编纂了这套《吴韵汉风文丛》。

作为中华文明多元一体的重要组成部分，江苏的历史文化有其独特的贡献和重要的地位。素有“天堂”美誉，久负“文史之乡”美名的江苏，地跨大江南北，壤接内陆和海洋，是为东南富庶锦绣之地；在波澜壮阔的历史发展中，积淀了深厚而辉煌璀璨的古代文明，在经济、政治、社会、文化、教育、人才等领域，都取得了非凡的成就，留下了无数宝贵的文化财富。这既是我们的骄傲，也赋予了我们一份严肃而重大的责任，我们有义务整理、保护和传扬江苏悠久、深厚而丰富的历史文化底蕴和文明成果，以服务于文化强省建设，服务于“两个率先”的战略目标，并为社会主义文化大发展和大繁荣作出应有的贡献。

基于这一认识，本套丛书试图从多个角度鸟瞰江苏历史文化发展的历程与成就，并以图文并茂的形式，具体介绍了江苏有代表性的一百个人、物和事。首批六本分为《江苏百位名人》、《江苏百座建筑》、《江苏百座寺庙》、《江苏百处名胜》、《江苏百项之最》、《江苏百种非遗》。

我们一方面希望这套丛书能成为展示江苏人文魅力的一个窗口；能成为宣传和推介江苏的一部生动教材；能成为人们了解江苏、走近江苏的导游手册。另一方面我们也期望这套丛书能为人们保存一份珍贵的历史记忆，有益于人们更好地了解和认知省情，有助于展示江苏文化大省的形象，提升江苏在全国的地位、影响以及国际知名度，能激发人们爱国、爱乡的乡土情结和民族精神，能增强江苏人民的自豪感、自信心和凝聚力，并以更大的热情投身到建设家乡、发展家乡的热潮中去，人人争创一流业绩，不愧于先人，无负于时代，为我省早日实现现代化、率先建成小康社会而奋斗。

序

引言

非物质文化遗产是各族人民世代相承、与群众生活密切相关的各种传统文化的表现形式和文化空间。非物质文化遗产既是历史发展的见证，又是珍贵的、不可再生的文化资源。它蕴含着中华民族特有的精神价值、思维方式、想象力和文化意识，体现着中华民族的生命力和创造力。保护和利用好非物质文化遗产，对于继承和发扬民族优秀文化传统，增强民族自信心和凝聚力，实现经济社会的全面、协调、可持续发展具有重要意义。

江苏地处长江下游，东临大海，西连楚地，北接齐鲁，南依吴越。黄河、长江、淮河诸文化的碰撞、交汇和融合，使江苏的历史文化气象万千而又特色鲜明，格外引人注目。江苏不仅有着丰富多彩、弥足珍贵的物质文化遗产，同时也有着绚丽多姿、令人叹绝的非物质文化遗产。

2001年5月，起源于我省的"昆曲"被联合国教科文组织宣布为首批"人类口述和非物质文化遗产代表作"，实现了我国"非物质文化遗产"列入"世界遗产名录"的零的突破。2003年，"中国古琴艺术"又被列入"人类非物质文化遗产代表作名录"，我省的"扬州广陵派"和"常熟虞山派"古琴艺术在其中占有重要地位。2009年，南京云锦织造技艺、南京金陵刻经又成功入选第四批"人类非物质文化遗产代表作名录"。

目前，江苏已建成省、市、县、区四级非物质文化遗产名录体系。江苏于2007年和2009年、2011年公布三批省级"非物质文化遗产名录"，共计337项，于2006年和2008年、2009年公布三批江苏"非物质文化遗产传承人"，共计349名。江苏有一百多项非物质文化遗产进入国家级"非物质文化遗产目录"。

本书即以我省的国家级非物质文化遗产为基础，根据同类合并，分86项对其进行逐一解说，同时兼顾与其他地区同类非物质文化遗产的比较。但囿于篇幅所限，挂一漏万，仅以此抛砖引玉，与各界同行商榷。

目录

引言

白蛇传传说(申报地区或单位:镇江市) / 1

梁祝传说(申报地区或单位:宜兴市) / 3

董永传说(申报地区或单位:东台市、金坛市、丹阳市) / 6

吴歌(申报地区或单位:苏州市、无锡市) / 8

靖江宝卷(申报地区或单位:靖江市) / 10

徐福传说(申报地区或单位:连云港市赣榆县) / 12

江南丝竹(申报地区或单位:太仓市) / 14

海州五大宫调(申报地区或单位:连云港市) / 16

古琴艺术 / 18

　　虞山琴派(申报地区或单位:常熟市) / 19

　　广陵琴派(申报地区或单位:扬州市) / 20

　　金陵琴派(申报地区或单位:南京市) / 20

　　梅庵琴派(申报地区或单位:南通市、镇江市) / 21

十番音乐 / 23

　　楚州十番锣鼓(申报地区或单位:淮安市) / 23

　　邵伯锣鼓小牌子(申报地区或单位:扬州市江都区) / 24

高邮民歌(申报地区或单位:高邮市) / 26

海门山歌(申报地区或单位:海门市) / 28

吟诵 / 29

　　常州吟诵(申报地区或单位:常州市) / 30

佛教音乐 / 31

　　天宁寺梵呗唱诵(申报地区或单位:常州市) / 31

道教音乐 / 33

　　苏州玄妙观道教音乐(申报地区或单位:苏州市) / 33

无锡道教音乐(申报地区或单位:无锡市) / 35
茅山号子(申报地区或单位:兴化市) / 36
唢呐艺术 / 38
徐州鼓吹乐(申报地区或单位:徐州市) / 38
龙舞 / 40
骆山大龙(申报地区或单位:南京市溧水县) / 40
直溪巨龙(申报地区或单位:金坛市) / 41
竹马 / 43
东坝大马灯(申报地区或单位:南京市高淳县) / 43
邳州跑竹马(申报地区或单位:邳州市) / 44
蒋塘马灯舞(申报地区或单位:溧阳市) / 45
跳马伕(申报地区或单位:南通市如东县) / 46
昆曲(申报地区或单位:江苏省) / 48
苏剧(申报地区或单位:苏州市) / 50
扬剧(申报地区或单位:扬州市、江苏省演艺集团扬剧团、镇江市) / 52
柳琴戏(申报地区或单位:徐州市) / 53
木偶戏 / 55
杖头木偶戏(申报地区或单位:扬州市、江苏省演艺集团) / 55
淮剧(申报地区或单位:盐城市、淮安市、泰州市) / 57
锡剧(申报地区或单位:江苏省演艺集团锡剧团、无锡市、常州市) / 59
淮海戏(申报地区或单位:淮安市、连云港市) / 60
童子戏(申报地区或单位:南通市通州区) / 62
徐州梆子(申报地区或单位:徐州市) / 64
京剧(申报地区或单位:江苏省演艺集团、淮安市) / 66
滑稽戏(申报地区或单位:苏州市) / 68
泗州戏(申报地区或单位:宿迁市泗洪县) / 69
苏州评弹(申报地区或单位:苏州市、江苏省演艺集团) / 70
扬州评话(申报地区或单位:扬州市、江苏省演艺集团) / 72
扬州清曲(申报地区或单位:扬州市) / 74
扬州弹词(申报地区或单位:扬州市) / 76

徐州琴书(申报地区或单位:徐州市) / 77
南京白局(申报地区或单位:南京市秦淮区) / 79
小热昏(申报地区或单位:常州市) / 81
建湖杂技(申报地区或单位:盐城市建湖县) / 82
苏州桃花坞木版年画(申报地区或单位:苏州市) / 84
剪纸 / 86
扬州剪纸(申报地区或单位:扬州市) / 86
南京剪纸(申报地区或单位:南京市) / 87
徐州剪纸(申报地区或单位:徐州市) / 88
金坛刻纸(申报地区或单位:金坛市) / 88
苏绣 / 90
苏州刺绣(申报地区或单位:苏州市) / 90
无锡精微绣(申报地区或单位:无锡市) / 91
南通仿真绣(申报地区或单位:南通市) / 92
泥塑 / 93
无锡惠山泥人(申报地区或单位:无锡市) / 93
苏州泥塑(申报地区或单位:苏州市) / 94
徐州香包(申报地区或单位:徐州市) / 96
竹刻 / 98
无锡留青竹刻(申报地区或单位:无锡市) / 99
常州留青竹刻(申报地区或单位:常州市) / 100
灯彩 / 101
秦淮灯彩(申报地区或单位:句容市) / 102
苏州灯彩(申报地区或单位:苏州市) / 103
玉雕 / 104
扬州玉雕(申报地区或单位:扬州市) / 104
苏州玉雕(申报地区或单位:苏州市) / 105
光福核雕(申报地区或单位:苏州市) / 107
邳州纸塑狮子头(申报地区或单位:邳州市) / 108
常州梳篦(申报地区或单位:常州市) / 109

丰县糖人贡(申报地区或单位:徐州市丰县) / 111
盆景技艺 / 113
扬派盆景技艺(申报地区或单位:扬州市、泰州市) / 113
苏派盆景技艺(申报地区或单位:苏州市) / 114
宜兴紫砂陶制作技艺(申报地区或单位:宜兴市) / 116
南京云锦木机妆花手工织造技艺(申报地区或单位:南京市江苏汉唐织锦科技有限公司) / 118
宋锦织造技艺(申报地区或单位:苏州市) / 120
苏州缂丝织造技艺(申报地区或单位:苏州市) / 122
香山帮传统建筑营造技艺(申报地区或单位:苏州市) / 124
南通蓝印花布印染技艺(申报地区或单位:南通市) / 126
苏州御窑金砖制作技艺(申报地区或单位:苏州市) / 128
南京金箔锻制技艺(申报地区或单位:南京市) / 129
扬州漆器髹饰技艺(申报地区或单位:扬州市) / 131
镇江恒顺香醋酿制技艺(申报地区或单位:镇江市) / 133
雕版印刷技艺(申报地区或单位:扬州市) / 134
金陵刻经印刷技艺(申报地区或单位:南京市) / 136
制扇技艺(申报地区或单位:苏州市) / 138
剧装戏具制作技艺(申报地区或单位:苏州市) / 140
南通板鹞风筝制作技艺(申报地区或单位:南通市) / 142
金银细工制作技艺 / 143
南京金银细工制作技艺(申报地区或单位:南京市) / 143
江都金银细工制作技艺(申报地区或单位:扬州市) / 143
苏州民族乐器制作技艺(申报地区或单位:苏州市) / 145
传统木船制造技艺(申报地区或单位:兴化市) / 147
封缸酒传统酿造技艺 / 148
丹阳封缸酒(申报地区或单位:丹阳市) / 148
金坛封缸酒(申报地区或单位:金坛市) / 149
富春茶点制作技艺(申报地区或单位:扬州市) / 150
明式家具制作技艺(申报地区或单位:苏州市) / 152

南通色织土布技艺（申报地区或单位：南通市）/ 154
姜思序堂国画颜料制作技艺（申报地区或单位：苏州市）/ 156
扬州毛笔制作技艺（申报地区或单位：扬州市）/ 157
苏州书画装裱修复技艺（申报地区或单位：苏州市）/ 159
碧螺春茶制作技艺（申报地区或单位：苏州市吴中区）/ 160
中医传统制剂方法 / 162
雷允上六神丸制作技艺（申报地区或单位：苏州市）/ 162
致和堂膏滋药制作技艺（申报地区或单位：江阴市）/ 163
季德胜蛇药制作技艺（申报地区或单位：南通市）/ 163
苏州端午习俗（申报地区或单位：苏州市）/ 165
秦淮灯会（申报地区或单位：南京市）/ 167
苏州甪直水乡妇女服饰（申报地区或单位：苏州市）/ 169
溱潼会船清明习俗（申报地区或单位：姜堰市）/ 171
金坛抬阁（申报地区或单位：金坛市）/ 173

白蛇传传说

申报地区或单位：镇江市

《白蛇传》又名《白娘子传奇》、《雷峰塔传奇》等，与《孟姜女》、《牛郎织女》、《梁山伯与祝英台》并称我国四大民间传说。《白蛇传》讲述了修行千年的白蛇化为白娘子（白素贞），携青蛇小青来到杭州西湖，与药店伙计许仙（宣）相遇相恋结为夫妻，后遭和尚法海以人妖不能通婚为由，镇白娘子于杭州雷峰塔下等一系列悲欢离合的故事。《白蛇传》传说主要流传于镇江、杭州一代，有“水漫金山”、“断桥相会”等脍炙人口的典故，至今为人们所津津乐道。

《白蛇传》传说肇始于唐五代时期，基本成型于南宋，至元代已被文人编成杂剧和话本。明代冯梦龙编纂的拟话本《白娘子永镇雷峰塔》是该传说最早的较为完整的文本。明清以降至于现当代，民间的口头文学与各类俗文艺的改编、搬演相互渗透、相互融合，使《白蛇传》最终成为小说、戏曲，以及电影、电视、动漫等各种文艺形式的经典题材。京剧中有专门的《白蛇传》演出行头，剧中，一身青衣的小青仗剑欲杀惊慌倒地的许仙，一身白衣的白娘子全力维护的场景已经成为人们心中《白蛇传》的经典代表符号。

《白蛇传》故事奇崛，人物生动丰满，所塑造的白娘子、许仙、法海和小青等人物形象表达了广大人民对人性解放的渴望，是中华民族宝贵的精神文化遗产。《白蛇传》不仅在中国家喻户晓，还远播日本、朝鲜、越南、印度等许多国家。传说所反映出的南宋以来不同时期的主要社会思想、信仰与价值观及民族深层心理，有重要的历史价值。传说中所保留的大量古代传统习俗对了解江南的风土人情具有重要的参考价值。

《白蛇传》故事最早发源于镇江。初唐时镇江就有了金山寺和尚降伏白蛇的原始传说。“金山寺”、“保和堂”、“白龙洞”、“法海洞”等镇江现有的景观，既是《白蛇传》故事的佐证，又成为可以印证的“可信物”。千百年来，镇江已形成了一个以《白蛇传》传说口头传承的文化空间，在民间不停地用各种形式重复展演着《白蛇传》传说的文化遗存。每逢端午佳节，镇江有游览金山的习俗，人们争相参观白龙洞、法海洞，青年男女跪拜白娘娘，誓表永远恩爱。镇江各个剧场、书场都轮番演出有关《白蛇传》的戏曲、曲艺，民间戏曲《上金山》、清曲《水漫金山》等就是代表作；在老百姓家里，每到端午节，家家户户喝“雄黄酒”，演述与《白蛇传》传说有关的故事；每家中药店门口均发放中草药熬制的免费避暑汤药……所有这些与《白蛇传》传说有关的特异民俗事项，都成为镇江《白蛇传》传说文化空间的文化要素。

在流传过程中，《白蛇传》与我国古老的民间传统节日端午节联系在一起，形成江南端午特有的节日风俗。

饮雄黄酒：江南民间过端午节，历来有吃“五黄”的食俗。这“五黄”除黄鱼、黄鳝、黄瓜、咸蛋（黄）外，还要饮一点雄黄酒。《白蛇传》里有个“端阳惊变”的故事。传说白娘娘与许仙在西湖借伞，结成恩爱夫妻后，却遭到法海的一再破坏。许仙误信法海谗言，在端午节向白娘娘迫饮雄黄酒，令其现了真身，许仙被吓死。所以，民间更加相信，雄黄可解蛇虫蜈蚣“五毒”。端午宴后，大人都要饮一点雄黄酒。小孩子不会饮酒，就在额上抹点雄黄，或用雄黄酒写个“王”字。有的人家还特地将端午饮剩的雄黄烧酒用杯贮藏起来，以在春秋季节，孩童被毒虫叮咬和生疮疖时，用以外敷消肿。

吃癞蛤蟆：每到端午节中午十二时，杭州民间有给孩童吃癞蛤蟆的风俗，说是可以消火代凉，夏季不会生疮疖。这一流传民间的预防疾病的医俗，传说也与《白蛇传》有关。相传，当初白蛇与癞蛤蟆同在杭州望仙桥下修炼。小许仙吃了吕纯阳的汤团，日夜啼哭，最后吐在望仙桥下，被白蛇抢去，吃了成仙。癞蛤蟆未抢到，因而怀恨在心，后来变成法海和尚，一再与白娘娘作难，破坏她与许仙的美满婚姻，最后甚至趁白娘娘产后，在端午那天用金钵活活拆散夫妻、母子，残忍地将白娘娘镇压在雷峰塔下。杭州人同情白娘娘的不幸遭遇，恨透了作恶多端的法海，所以，到了端午这天，就将它斩头剥皮，叫孩童吃它的肉，世代相传，永记此恨。当然这是传说，其实《外科正宗》记载，癞蛤蟆可制成药用蟾酥，功能解毒，适用于痈疽、疮疖等症。由此可见，这一习俗既有传说意义，又具有一定的科学性。

《白蛇传》传说 2006 年被列入国家级“非物质文化遗产名录”。

梁祝传说

申报地区或单位：宜兴市

《梁祝》传说，即《梁山伯与祝英台》传说，是我国四大民间传说之一。《梁祝》传说影响深远，其文学性、艺术性和思想性均居各类民间传说之首，是我国最具国际影响力的口头传承艺术，也是唯一在世界上产生深远影响的中国民间传说，被誉为"东方的《罗密欧与朱丽叶》"。

梁山伯与祝英台，据权威专家学者考证，历史上确有其人，而且，他们美丽、凄婉、动人的爱情故事也有众多历史资料及文物古迹可供佐证。一般认为《梁祝》形成于东晋，发源于何处，尚无定论，目前比较著名的说法有：河南驻马店市汝南县马乡镇、山东济宁市马坡乡、江苏宜兴、浙江宁波等。其中，汝南县马乡镇和济宁市马坡乡均有梁祝合葬墓，且有史料可查，而且全国其他地方也有梁祝墓地遗迹存留。此外，如"梁祝读书处"、"山伯做官处"等遗迹在全国多达几十处。

从宋咸淳《毗陵志》至明代冯梦龙的传奇小说中，都有大量文字及其他证据显示，梁山伯和祝英台系江苏宜兴人氏，"化蝶"这个故事在江苏宜兴一带民间流传甚广。相传东晋永和年间，上虞有一富家独女祝英台，小名九娘，她女扮男装，出外游学。游学路上与会稽梁山伯相遇，两人一见如故，做伴同到宜兴善卷洞碧藓庵读书。同窗三年，二人情深意笃，但山伯一直不知英台是女子。临别之时，两人再游碧藓庵，见到一对彩蝶，英台说："假如我们能像蝴蝶一样，双双飞舞花间，该多自由幸福！”英台约山伯三月内上门提亲，但梁山伯因家贫逡巡未往，终于耽误了日期，英台父母逼其嫁给马家公子。后梁山伯考取功名，任鄞县(今浙江宁波鄞县)县令，往祝家庄拜访祝英台后才恍然大悟，他懊悔莫及，最终思念成疾，不久病亡，遗言葬在清道山下。英台出嫁途中，闻山伯死讯，悲恸欲绝，遂绕道清道山拜祭，突然狂风大作，地裂坟开，英台纵身跃入坟中。不久，阳光灿烂，二人化蝶而出。

据说每年早春三月，当桃李芬芳的时候，宜兴善卷洞碧藓庵附近，常常有一对对彩色大蝶翩翩起舞，它们穿花栖草，追逐嬉戏，形影不离。据传这些彩蝶就是梁山伯与祝英台精魂所化，他们留恋“同窗共读三年载”的幸福生活，一年一度要飞到这里来旧地重游。宜兴的父老乡亲为纪念这一对在封建制度压制下“不能同生但求同死”、争取婚姻自由的古代青年男女，把他们读书的碧藓庵改为“英台读书处”，建起了“祝陵”。还把传说中祝英台的生日称为“双蝶节”。每年到了这一天，当地和外来的男女老少都要到宜兴善卷洞的“祝陵”、“英台读书处”凭吊，看看满山烂漫如火的杜鹃花，看看飞舞花丛中的双双彩蝶，缅怀这一对古代男女青年对爱情坚贞不屈的可贵精神。

据有关史书和碑文记载，梁山伯是东晋时会稽(今浙江绍兴)人，名处仁，字山伯。曾任鄞县县令。在任期间，他廉洁奉公，为老百姓办了不少好事。在民间传说中，他爱民如子，为民造福，深受百姓爱戴。后因病死在任上，埋葬在鄞县高桥，人们念他是个清官，就在墓旁修了座庙。后晋安帝(司马德宗)知道他和祝英台誓死相爱之事，又追封他为义忠王。传说农历三月初一为梁山伯的诞辰，六月十六为忌辰。每逢这些日子，人们都要举行庙会，以示纪念。

宁波“梁山伯庙”又名“义忠王庙”、“梁圣君庙”，在宁波鄞县九龙墟(今高桥乡邵家渡庙根)。宁波有句谚语：“若有夫妻同到老，梁山伯庙到一到。”传说在八月初八那天，祝英台照例回娘家祝家渡。所以，每到那一天，城中妇女都要去烧香。据说，从前庙里还有梁祝的卧室，妆台鸳帐，颇似新房，里面也有梁祝的偶像。燃香妇女常以新绣弓鞋放置室中，说是备英台穿用的。又每以手摸神足，说是可以治足痛病。庙会期间，除隆重祭祀外，唱社戏，主要上演《梁山伯与祝英台》。此外，临近还有“高桥会”活动。庙会期间，附近老百姓都前来游玩。旧时，有高台阁二十几座，精刻黄杨纱船十多只，还有元宝马、踏高跷、九莲大令、二十四节大老龙等表演，热闹非凡。各种土特产、应时糕点在小吃摊头比比皆是。庙会在解放前后就日渐衰落了，代之而起的，是每年春节期间，民众为庆丰收而举行的“灯会”。

浙江杭州民间也流传着一句俗语：“若要夫妻同到老，双照井中照一照。”双照井是位于杭州草桥门外海潮寺内的一口古井，民间传说梁山伯送祝英台回家时，祝英台曾用脚一蹬，使枯井冒出清水，并用“古井喜逢春，兄弟双照影。一男并一女，和合天配成”启发梁山伯。因为梁山伯和祝英台双双在此照过身影，所以清清的井水中，常常会隐现一对青年男女的身影。海潮寺因为有了双照井，香火更旺。每年正月初三，男男女女、老老少少到海潮寺烧香，都要到双照井来照一照。人们说，老年夫妻照一照，会越活越年轻，青年男女照一照，会夫妻和睦，白头到老。

《梁祝》传说是中华文化的瑰宝。千百年来，《梁祝》传说以提倡求知、崇尚爱情、歌颂生命生生不息的鲜明主题深深打动着人们的心灵，其以曲折动人的情节、鲜明的人物性格、奇巧的故事结构而受到民众的广泛喜爱。《梁祝》传说和以《梁祝》传说为内容的其他艺术形式所展现的艺术魅力，使其成为中国民间文学艺术之林中的一朵奇葩。

《梁祝》传说在朝鲜、越南、缅甸、日本、新加坡和印度尼西亚等国家均有流传，其影响之大在中国民间传说中实属罕见。人们用丰富多彩的文艺样式表现这个美丽动听的故事，仅戏曲剧种就有三十余种、曲艺二十余种，更有上百首歌谣、几十种工艺品，以及多部电影和电视作品。根据《梁祝》传说改编的越剧《梁山伯与祝英台》、小提琴协奏曲《梁祝》、电影《梁山伯与祝英台》等文学艺术作品，以及由此而形成的求学、婚恋的独特风尚，构成了庞大的梁祝文化系统。

梁祝传说 2006 年被列入国家级“非物质文化遗产名录”。

董永传说

申报地区或单位：东台市、金坛市、丹阳市

“树上的鸟儿成双对，绿水青山带笑颜，你耕田来我织布，你挑水来我浇园，寒窑虽破能避风雨，夫妻恩爱苦也甜，从今不再受那奴役苦，夫妻双双把家还。”这是根据董永传说改编的黄梅戏电影《天仙配》中的一段，在中国可谓家喻户晓，上至八十岁老妪，下至几岁的孩童，均能唱得有模有样。

董永传说最早载于西汉刘向的《孝子传(图)》。三国曹植的《灵芝篇》和东晋干宝的《搜神记》中也都有相关记载。干宝的记载因主题突出、情节完整在我国农村地区广泛流传，成为两千多年来故事嬗变和文学移植的母本，对后世影响深远。

董永与七仙女的故事既有教化内容，又具爱情色彩。其教化内容同中国民众长治久安的大众心理需求相适应，爱情故事又契合了民众追求婚姻幸福的内在感情，所以它的神奇幻想同人间现实巧妙融合的艺术特色深受民众喜爱。20 世纪以来的一百多年间，董永故事一直是拥有广大受众的俗文学(如说唱、戏曲)以及后起的影视文学创作追逐的题材，出现了黄梅戏电影《天仙配》等影响深远的作品。

董永与七仙女的传说在镇江市丹徒区、丹阳市一带流传甚广。20 世纪 50 年代以来，由于电影《天仙配》的放映，这则优美动人的传说得到了广泛的传播。电影中一句“家住丹阳姓董名永”的唱词，更使丹阳、丹徒一带成为民间文学爱好者和旅游爱好者关注的地方。董永传说已同《白蛇传》传说、抗英斗争传说一样，成为镇江民间文学的重要组成部分。

丹阳延陵镇南约五百米，有一座“望仙桥”。这就是传说中董永父子仰望星空，盼七仙女回归人间的地方。据说，桥面石板上原来有两个膝盖印，是董永儿子跪盼母亲时留下的。而附近还有一座南北向的小平桥，被称做“小望仙桥”。望仙桥的始建年月不详，但据桥下的《重修望仙桥记》的石碑记载，清乾隆三十七年(1772)十月重修过一次，解放后也重修过几次。

桥两端有一个自然村，叫望仙桥村；西面有一个董溪村，村上虽没有姓董的人家，却是传说中董永的故里。据说董溪村一带原来还有董永墓、董永庙，但都因年代久远湮没了。据《至顺镇江志》记载，“汉董永墓，在延陵，有碑记其事，地名董碑，亦名董坟”。

丹徒的上党镇有个槐荫村，原名生圩村，因出现神奇的老槐树而得名，是传说中董永卖身帮工并与七仙女成婚的地方。村上姓傅的人家很多，传说中董永帮工的主人傅员外，便是他们的祖先。在槐荫村里还有仙女桥、七仙塘、上天台以及老槐树等传说中的遗迹。另外还有为纪念董永、七仙女而由村民自发修建的槐荫庙、七仙女塑像等。

由此可见，至少在七百多年前，即宋末元初时，董永传说就在镇江这一带落户了。它成了后来黄梅戏电影《天仙配》创作的源头。据说，《天仙配》电影拍摄时，主演严凤英就曾来过丹阳延陵。

江苏的董永传说2006年被列入国家级“非物质文化遗产名录”。

吴歌

申报地区或单位：苏州市、无锡市

吴歌是文学史上对吴地民歌、民谣的总称。吴歌口口相传，是吴语方言地区广大民众的口头文学创作，发源于江苏省东南部。其以苏州为中心，以表现男女爱情为主。吴歌与北方民歌粗犷豪迈、高亢雄壮不同，具有浓厚的水文化特点，如涓涓流水，委婉清丽、含蓄缠绵，和吴侬软语具有相同的格调，具有浓厚的地方特色，是吴文化的重要组成部分。

吴地文化从考古发现来看，已有上万年的历史。由于历代区域划分不同，早期"吴"是吴国领域的概念，甚至包括现在的南京和扬州等地。现在所说的"吴"，是指吴语区，包括江苏南部、浙江北部和上海市。吴歌作为一种文化现象，是伴随着当地初民的生产劳动、祭祀习俗和生活娱乐活动而发生、发展的。与文人的诗词歌赋不同，吴歌是下层人民创造的口头文学，是具有浓厚民族特色和地方色彩的民间文学韵文。吴歌既包括情歌，又包括劳动歌、时政歌、仪式歌、儿歌等，生动地记录了江南农民和下层人民的生活史。吴歌在没有任何乐器伴奏的情况下，以民间口头演唱方式表演，口语化的演唱是其艺术表现的基本方式。

吴歌包括"歌"和"谣"两部分。"歌"就是"唱山歌"，也包括一些俗曲之类；"谣"就是通常说的"顺口溜"。吴歌的音乐包括"命啸"、"吴声"、"游曲"、"半折"、"六变"、"八解"六类，其中后三类是汉代以后有的，此外还有"神弦曲"，这是当地的民间祭祀乐歌。

吴歌曾在我国诗歌史上开一代诗风。吴歌生动地记录了江南农民和下层人民的生活史，是十分珍贵的历史资料，也是十分宝贵的民间文化遗产。它是吴语地区至今仍然存活在民间的口头文学形式，不仅具有一定的认识价值（社会、历史、风土、世界观等）和审美价值（艺术），也是研究方言的珍贵资料。

吴歌 2006 年被列入国家级“非物质文化遗产名录”。

靖江宝卷

申报地区或单位：靖江市

靖江市位于江苏中部南端，三面环江，境内以横港为界，以北称老岸。老岸地区讲吴方言，称老岸话，是苏中南端的吴方言孤岛。靖江宝卷是流传于靖江老岸地区，用老岸话讲唱的，亦圣亦俗、亦庄亦谐，以叙事为主，韵散结合的民间文学体裁。靖江宝卷因其特殊的地理位置及语言文化背景，在大多数地区的宝卷讲唱均已衰亡或变异的情况下，仍较好地保持着原貌，实在难能可贵。

宝卷是由唐代“变文”和宋代“说经”演化而成的一种俗讲文本。自明清以来，宝卷融入了大量的民间传说、民歌民谣和风俗趣闻。在靖江，讲唱宝卷与民间“做会”密不可分。1990 年 8 月，靖江马桥出土的明嘉靖年间刘志真墓中有一张《冥途路引》，是墓主人在嘉靖十八年(1539)做会时留存的“随身执照”。这是目前发现的靖江民间做会的最早实物，据此推断，宝卷在靖江的流传距今已有五百年左右的历史。

靖江民间做会的项目繁多，按做会的性质划分有“庙会”、“公会”、“私会”三种；按其信奉的神佛命名，有“观音会”、“大圣会”、“三茅会”、“梓潼会”、“地藏会”、“土地会”、“雷祖会”、“庚申会”、“城隍会”等名目，统称“龙华盛会”或“太平盛会”。讲经就是在做会中讲唱宝卷，故称“做会讲经”。讲经的宝卷分“圣卷”、“草卷”和“科仪卷”三种类型。圣卷亦称“正卷”，是靖江最富特色的宝卷，它讲唱佛道故事，用于白天酬神了愿；草卷亦称“小卷”，讲唱一般文学故事，用于夜间听众娱乐；科仪卷是做会仪式时讲唱的宝卷。三类宝卷旧有文本百余种，现存世各类印本、抄本仍有六十多种，加上民间艺人口头传承的三十余种，共约九十余种，其中圣卷二十多种，草卷六十多种，科仪卷十余种。

靖江宝卷用当地的老岸话讲唱，既不同于江南的吴语，又不同于江北方言，具有“江北吴方言”的语言个性。靖江宝卷讲唱艺人被称为“佛头”。“佛头”历来都是师徒传承，当“佛头”须拜师学艺。靖江宝卷除了部分宗教内容外，大多是反映地方民情风俗和社会生活的，如市井行业、观灯绣花、酒糖点心、装束仪仗、治病药方等。其中，还有许多逗趣故事、谜语诗句、夸张话语等。靖江宝卷属民间讲唱文学，包容了民间文学的多种文体，如散文、诗歌、神话、传说、故事、歌谣、谚语、谜语等，体现了丰富多彩的文学特征。

靖江宝卷的形成过程已有千年以上的历史，它对考察宗教文学与民间文学的融合、民间文学的移植与应用、方言文学对地域民俗生活的影响、人口迁徙与文化传播等，都具有重要的学术研究价值。同时，靖江宝卷文本及演唱具有较强的文学性和表演性。它以故事为主，情节曲折跌宕、引人入胜，文字文野辉映、雅俗共赏，度曲响器铮铮、效果奇妙。靖江宝卷的社会教化价值也不容忽视。宝卷又叫“劝世文”，靖江宝卷以劝善的道德教化为核心内容，教人守国法、敬天地、礼神明、尚礼仪、睦家庭、助邻里、济贫困、惩恶扬善等，具有规范道德、促进社会和谐的积极意义。靖江宝卷集艺术、宗教、民俗于一体，是一种重要的特色文化资源。

靖江宝卷 2008 年被列入国家级“非物质文化遗产名录”。

徐福传说

申报地区或单位：连云港市赣榆县

徐福，字君房，秦时齐地人，著名方士。他博学多才，通晓医学、天文、航海等知识，且同情百姓，乐于助人，故在沿海一带民众中名望颇高。

徐福东渡的传说版本众多。从中国古文献的记载来看，大致经历了从《史记》的“入海说”，到《三国志》与《后汉书》的“渡亶洲说”，再到义楚《释氏六帖》的“渡日说”，最后衍生出宋欧阳修的“赍书说”。这几个版本虽有不同，却也大同小异。

相传，秦始皇二十八年（前219），秦始皇第一次东巡，看到海州湾内出现海市蜃楼，认为是仙人所显，遂派徐福率童男童女乘楼船入海，寻求长生不死之药。徐福入海数年无功而返。九年以后，秦始皇又派徐福入海求药，徐福怕秦始皇怪罪，诈称海中的大鲛鱼十分厉害，船只难以靠近仙山取药，须派善射者同去。秦始皇遂派徐福携童男童女以及百工巧匠技师、武士、射手五百多人，装带五谷种子、粮食、器皿、淡水等，入海求药。徐福东渡没有求得“不老药”，返回恐遭杀身之祸，遂在熊野浦登陆，发现了“平原广泽”（即日本九州），从此便长居于此。

徐福等人在九州岛等地向日本土著民族传播农耕知识和捕鱼、锻冶、制盐等技术，还教给日本人民医疗技术等秦朝先进文化，促进了社会发展，深受日本人民尊敬。日本尊徐福为“司农耕神”和“司药神”。佐贺、新宫等地神社都把徐福作为神来奉祀，每年都要举行声势浩大的祭祀活动。为了弘扬徐福精神，中国连云港、龙口、胶南、沧州、苏州、慈溪和日本新宫、佐贺、大阪、富士吉田、鹿儿岛、东京等地都成立了徐福会。

近年来，在江苏连云港普查地名时，发现赣榆县金山乡有个徐阜村，原名叫徐福村。经考证为东渡传说中的徐福的故乡。1985 年 12 月，人们在徐福的故乡赣榆县金山乡徐福村，树起了一座题写着“徐福村”的石碑，以纪念这位最早东渡日本的使者。

江苏赣榆的徐福传说 2011 年被列入国家级“非物质文化遗产名录”。

江南丝竹

申报地区或单位：太仓市

江南丝竹是20世纪50年代被命名的一种器乐合奏，是流行于江浙一带和上海地区的富有鲜明地方色彩的丝竹乐的总称。乐队主要由二胡、扬琴、琵琶、三弦、秦琴、笛、箫等丝竹类乐器组成，故名。丝竹乐在江南地区的城市和农村都很流行，但风格大相径庭。城市丝竹乐风格典雅华丽，加花较多，流传很广；而农村则常用锣鼓，气氛热烈，风格简朴。

明嘉靖年间，以魏良辅为首的戏曲音乐家们在太仓南码头创制昆曲水磨腔的同时，以张野塘为中坚人物组成了规模完整的丝竹乐队，用工尺谱演奏，由昆曲班社、堂名鼓手兼奏，后逐渐形成丝竹演奏的专职班社。明万历末在吴中（苏州地区）形成了新的乐种“弦索”，可算是江南丝竹的前身。它与民俗活动密切结合，有着广泛的群众基础，后正式定名为江南丝竹。

江南丝竹的音乐结构主要有板式变化和曲牌联缀两种类型，并以板式变化手法最有特点。它往往以一个曲牌为母曲，以放慢加花或加速减字的手法发展为几首独立乐曲。如民间器乐曲牌“老六板”演变为五支乐曲，习称“五代同堂”。它演变的程序是由快到慢，由简到繁。第一曲“老六板”，流水板，旋律简朴；第二曲“快六板”，流水板，旋律生动明快；第三曲“中六板”，一板一眼，旋律轻快，较为平稳；第四曲“中花六板”，一板三眼，旋律流畅，速度适中，在五曲中为最著名者；第五曲“慢六板”，一板七眼，旋律典雅徐缓。这五支乐曲既可分别独立演奏，亦可按演奏程序相反的方向，如从第五曲“慢六板”开始，由慢到快，由繁到简地依次联缀演奏。

江南丝竹旋律抒情优美，风格清新流畅。笛子演奏注重气息的运用，高音悠扬清远，低音含蓄婉转，音色醇厚圆润，常用打音、倚音、赠音、震音、颤音等技巧润饰旋律。二胡弓法饱满柔和，力度变化细腻，左手惯用透音、带音、左侧音和勾音，尤以各种滑音技法，构成江南丝竹细腻清秀、明快健朗的个性。

江南丝竹传统的技法中有你繁我简、你高我低、加花变奏、嵌挡让路、即兴发挥等手法，并逐步形成“小、细、轻、雅”的风格特色。这种技法和风格包含了人与人之间相互谦让、协调创新等深刻的社会文化内涵。丝竹乐来自民间，根植于民间，简便易行，适宜推广，有重要的民俗文化价值。江南丝竹曲目丰富，传统乐曲有《中花六板》、《三六》、《行街》、《四合》和《云庆》等。聂耳曾改《倒八板》为《金蛇狂舞》，很快风靡全国；刘天华改编创作的《变体新水令》也早已成为乐坛名曲，在全国产生了深远的影响。

江南丝竹音乐的产生和延续，对民族音乐史的研究及戏曲、民俗文化、群众文化的发展都有重要的作用。江南丝竹是江南水乡文化杰出的代表之一。

江南丝竹 2006 年被列入国家级“非物质文化遗产名录”。

海州五大宫调

申报地区或单位：连云港市

海州五大宫调是指流传在江苏海州一带(今连云港市及其周边地区)数百年之久的，以“软平”、“叠落”、“鹂调”、“南调”和“波扬”五个曲牌为主要腔调的一种古老的民间音乐演唱形式。

海州地区民众演唱小曲的习俗由来已久。由于地处苏、鲁两省接壤处，也是江淮方言和北方方言的交汇地带，因而历史上南北双方的小曲杂调均在此流传生根，呈现出既融会贯通又诸调杂陈的局面。尤其是明清时期，随着两淮盐业兴旺，大运河盐运南来北往，一方面地域沟通、艺术交融，使海州五大宫调得以广泛吸收江淮民间小曲而渐趋成熟；另一方面汇集于当地的一批盐商富贾和与之休戚相关的文人墨客，对海州五大宫调给予了高度的关注，从而将其提升到一个新的高度，其特色和个性逐步形成。

海州五大宫调源于明代两淮一带流传的“时尚小令”，是江苏明清俗曲的重要组成部分。据明代沈德符著《万历野获编》“时尚小令”条载：“元人小令，行于燕赵，后浸淫日盛……嘉隆间，乃兴‘闹五更’、‘寄生草’、‘罗江怨’、‘哭皇天’、‘乾荷叶’、‘粉红莲’、‘桐城歌’、‘银组丝’之属，自两淮以至江南……则不问南北，不问男女，不问老幼良贱，人人习之，亦人人喜听之，以至刊布成帙，举世传诵，沁人心腑。其谱不知从何来，真可骇叹！”[见上海古籍出版社 1987 年版《明清民歌时调集》(上)，第 6 页]。

海州五大宫调按其曲牌内容来区分，可分为大调和小调两类。大调除前文所举的五个主要曲牌外，还有“满江红”和“码头调”。大调的特点是曲调委婉细腻、节奏舒缓，类似昆曲的赠板，演唱时字少腔多，有一唱三叹之感。唱词典雅华丽，明显出自文人之手。

海州五大宫调历史悠久，是江苏明清俗曲重要的一脉，是古老的“诸宫调”宝贵的遗存，对我国民间音乐乃至民间曲艺的研究具有难得的实证价值。

海州五大宫调 2006 年被列入国家级“非物质文化遗产名录”。

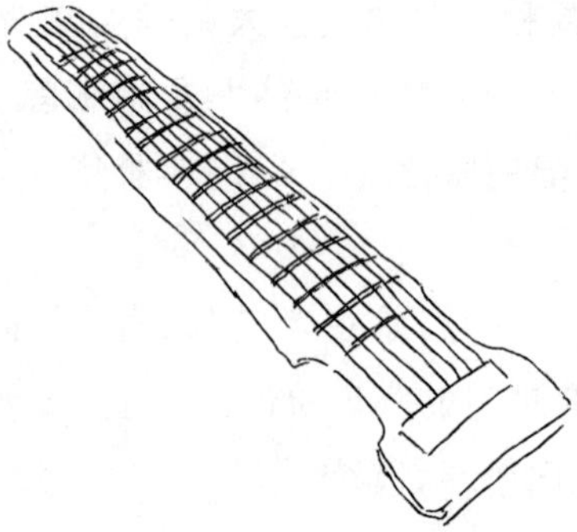

古琴艺术

古琴是中华民族最早的弹弦乐器，是中华传统文化之瑰宝。它以其历史久远、文献浩瀚、内涵丰富、影响深远为世人所珍视。

琴、棋、书、画曾是中国古代文人引以为傲的四项技能，也是四种艺术。其中，琴乐是中国历史上渊源最为久远而又持续不断的一种器乐形式，湖北曾侯乙墓出土的实物距今有两千四百余年，唐宋以来历代都有古琴精品传世。“高山流水”、“焚琴煮鹤”、“对牛弹琴”等妇孺皆知的成语都出自和琴有关的典故。但是，由于琴自古都是文人自我陶冶的一种雅好，很少在公众场合演奏，所以现代人对它的了解十分有限。

在琴厚重的人文积淀之外，琴的审美在世界音乐中也独树一帜。琴没有肆意的宣泄，只在含蓄中流露出平和超脱的气度。琴往往与诗歌密不可分，古诗词一般都能弦歌之，韵律和顿挫诗歌和琴乐是完全统一的。琴又讲求韵味，虚实相生，讲求弦外之音，从中创造出一种空灵的意境来，这又和国画的审美追求是统一的。诗、歌、琴、乐、画的艺术形式不同，美的追求却相同。在琴那里，审美追求和道德追求融为一体了。

不同地域风土人情的差别，形成了各种古琴演奏的流派。早在唐代，就有吴、蜀两大派。隋唐间的琴家赵耶利，曾以“吴声清婉，若长江广流，绵延徐逝，有国土之风。蜀声躁急，若激浪奔宙，亦一时之俊”概括了吴、蜀两派的风格特点。明清时期，古琴则发展演变为川派、虞山派、广陵派、浙派、金陵派、中州派、诸城派、闽派等多种流派。

而近现代新的古琴流派也必然随着中外文化的交融而不断地发展变化，这无疑将给琴坛带来新的风貌。同时，古琴艺术也以其独特的表现手法和深邃的美学思想，积极地影响着现代的音乐创作。

古琴艺术2003年入选联合国第二批“人类口头与非物质遗产代表作名录”，2006年被列入国家级“非物质文化遗产名录”。

虞山琴派（申报地区或单位：常熟市）

虞山琴派是明末以常熟虞山命名的中国古琴重要流派。虞山派创始人严天池（1547～1625），字道澈，号天池，常熟人，宰相严讷之子。他在琴艺上从名师承精华，创立了“清微淡远、博大和平”的琴曲风格；他主持编写了《松弦馆琴谱》（为清《四库全书》所收的唯一一部明代琴谱）；在理论和实践的结合上，他在《松弦馆琴谱琴川汇谱序》中提出了虞山派的理论，改变了当时琴坛盛行的以文对音的偏颇，提升了音声本身的艺术感染力；同时还组建了中国第一个琴社——虞山琴社。其同门师弟、又为其弟子的徐上瀛（约1582～1662，号青山）在琴学上与严天池同一渊源，在琴艺、琴风上又有进一步的突破和创新，编著有《大还阁琴谱》和《溪山琴况》，在琴学上丰富和完善了虞山派的理论。

虞山琴派特点为清微淡远、亮丽采速，主要琴谱为《松弦馆琴谱》，代表性曲目为《良宵引》。虞山琴派从此亦成为中国第一个有代表人物、代表琴谱、理论纲领和地域特色的琴派。自明至清，虞山琴派主要琴谱有十几种之多。海内琴士群趋仰慕，出现了“虞山为归”的局面。

民国后，一批海内外琴家名追虞山琴派，在苏州成立了“今虞琴社”。虞山琴派传人中最著名的吴景略（1907～1987）曾任其社长，他潜心琴艺，被称为“虞山吴派”，一生打谱四十余首，并成功对古琴进行了改革，先后授教古琴于常熟、上海两地，后受聘为中央音乐学院民乐系教授、北京古琴研究会会长，培育了一批琴坛名家，著有我国第一部从初级到高等艺术院校教学使用的《古琴教材》。

自古以来，古琴是常熟的象征。常熟别称“琴川”，古城格局的水系为七条运河组成的七弦河（又称琴川河），明代有“七溪流水皆通海”的诗句，东汉邑人有焦尾琴，于是古城的街巷有“焦桐街”（桐木为制琴材料），山麓的溪泉名“焦尾溪”、“焦尾泉”等等。

虞山琴派2008年被列入国家级“非物质文化遗产名录”。

广陵琴派(申报地区或单位:扬州市)

广陵琴派源于扬州。它因扬州古称广陵而得名,是在虞山派的基础上发展创立的。扬州的广陵派古琴溯源悠久,风格独特,为历代琴家所重视。扬州古琴自唐宋以来,流传不绝,最盛于清代。清初以徐常遇和徐祺父子为代表的扬州琴家不仅操琴技艺精湛,还编辑了许多琴谱,流传下来的有徐常遇的《澄鉴堂琴谱》、徐祺父子的《五知斋琴谱》、吴灴的《自选堂琴谱》、秦维瀚的《蕉庵琴谱》和僧空尘的《枯木禅琴谱》等。广陵派自创立以来,著名琴家绵延不绝,他们的谱集一直影响到现代。

1932年,广陵琴家孙绍陶、张子谦、刘少椿、胡滋甫等人正式创建了广陵琴社。广陵派琴家一脉相承地保持了自身固有的特色,以清幽、恬雅、舒畅、洒脱作为琴曲的美学标准,注意内容和感情的表现,节奏跌宕多变,指法细腻灵活,曲调谐婉自如。广陵派既吸取了虞山派恬淡清雅的情味,又开蹊径,尽情地抒写乐曲的意趣,在着意发挥松活潇洒的同时,在奔放豪爽中蕴含节制凝蓄,在活泼潇洒中寓有恬静幽逸的神韵,从而形成了恬逸洒脱的独特风格。广陵琴派的代表曲目有《渔歌》、《樵歌》、《昭君》、《龙翔操》、《梅花三弄》等,尤其以前面两首最能表现广陵琴派之长,它们既存有北派的刚健之气,又蕴和了南派的柔和之情。《龙翔操》的内容取自庄生梦蝶的故事,是一首节奏跌宕、情绪欢快的古琴曲。广陵琴社于1984年正式恢复。每年除了组织琴人聚会,还与兄弟琴社进行琴艺交流,并经常向中外宾客献艺,受到广泛赞扬。

广陵琴派2008年被列入国家级"非物质文化遗产名录"。

金陵琴派(申报地区或单位:南京市)

金陵琴学源远流长。早在东汉末年,琴家蔡邕为避祸"远迹吴会",在探访金陵青溪之地后,创作了《游春》、《渌水》、《幽思》、《坐愁》、《秋思》(世人称"蔡氏五弄"),还因辨识琴材而流传下"焦尾"的千古美谈。东晋至南朝期间,经济文化中心南移至建康,各地琴家常往来于此切磋交流,如谢安、左思、戴逵、戴勃、戴颙、嵇元荣、羊盖、柳世隆、柳恽等都是这一时期的代表人物,由此开创了以自然、超脱、自由精神为特征的琴学新风。直至唐宋,这种风气依然为文人学士所推崇。明代中后期,以黄龙山、杨表正、杨抡为代表的一批琴人始创金陵琴派(时称"江派"),所编著的琴谱皆以填词琴歌为主体,由此形成"江派"注重琴歌的传统。至清康熙、乾隆时期,金陵琴派得到进一步发展,其影响与当时的虞山派、浙派、中州派、蜀派、闽派并提，受到诸派琴家的青睐。这一时期金陵琴家中的重要人物为庄臻凤，他针对琴曲、琴歌孰为轻重的争论，提出两者皆不可偏废的主张，采取了兼收并蓄的方法。其编写的《琴声十六法》在吸收前人《溪山琴况》的基础上，展现了自己独到的琴学修养。近现代以来，金陵琴家承前启后，其传承活动依然不断，如20世纪初期黄勉之在北京创办的“金陵琴社”，为当时南北琴坛的交流带来了清新气息；1934年由王心葵、徐元白、夏一峰等人发起成立的“青溪琴社”，为活跃金陵琴坛和培养传承人起到了重要的推动作用；1954年“南京乐社”正式成立（其古琴组即为后来的“金陵琴社”前身），以弘扬光大金陵琴学为宗旨，开展了一系列艺术交流与人才培养的活动。1978年金陵琴社重新恢复活动以后，在继承本琴派传统的基础上，以海纳百川之气度，兼取各地琴家之长，为传承与发展古琴艺术作出了积极贡献。

金陵琴派在艺术传承上，一是注重曲歌并重的传统，强调服从内容表现的需要，既肯定琴乐有“音出自然，不喜以文拘之”的一面，也不否定琴乐有“原取文谱音，岂可舍文而就音”（庄臻凤语）的一面；二是兼取众家之长，体现出了其融合南北风韵、诸派意趣而又自成一体的格调。故清人王坦评价说：“金陵派之参序有节，抑扬有纪，可谓得古韵之遗。”（《琴旨》）这可谓是对金陵琴派刚柔相济、张弛有致的艺术风格的准确概括。

金陵琴派历史上琴家辈出，流传区域较为广泛，尤其对扬州广陵琴派、山东诸城琴派及梅庵琴派的形成都有着一定的影响。近现代以来，随着与各琴派之间交流往来的增加，在其传承关系上也呈现出与他派交叉的现象，反映出这一时期金陵琴派的传承具有不拘一格的特点。

金陵琴派是历史上南京地区文人音乐的典型体现。它不仅见证了明清以来江南古琴音乐的发展过程，也反映了中国传统音乐流变的多样性和兼容性，并以兼取众家之长的气度和人文品格，确立了自己在中国古琴发展史上的历史地位。尤其是源远流长的金陵琴学，以极其丰富的音乐文化蕴涵，展现了六朝古都南京的历史风韵，体现了古琴前贤自由、超脱的人文情怀。金陵琴学流传下来的大量琴曲、琴谱及琴论文献，不仅是认识与了解六朝文化的珍贵资料，也是研究中国音乐史、中国美学史不可或缺的重要依据。

金陵琴派2008年被列入国家级“非物质文化遗产名录”。

梅庵琴派（申报地区或单位：南通市、镇江市）

梅庵琴派源于山东诸城琴派。梅庵琴派起源孕育于清末，开创人王宾鲁、徐立孙，采诸城琴艺，融民乐西乐，衡古今而成派，因始传习于梅庵而得名。梅庵琴派是中国古琴数千年历史长河中最年轻的流派，也是现代最有活力的中国古琴流派，20世纪20年代开始风靡于中国大陆，50年代之后流传到港台美欧各地。

梅庵琴社最早成立和主要的活动之地在南通，主要致力于古琴传授、琴学理论、打谱及琴弦研制等方面的研究，但随着琴派传人的流动，其组织规模也有了进一步的发展，如1986年刘景韶在镇江成立了"梦溪琴社"，差不多同时期，邵元复在台湾高雄成立了"梅庵琴社"，2000年刘赤城在合肥成立了安徽省"梅庵琴社"等，都为培养新一代传承人作出了巨大贡献。如今梅庵琴派的传承支脉已传及海内外，正成为20世纪以来最受推崇的琴派之一。

梅庵琴派流畅如歌，绮丽缠绵，吟猱幅度较大，清微淡远与鲜活动律交融。梅庵琴派在演奏上重视技巧和节奏，强调音乐的旋律之美，特别是首创琴谱点拍的做法，能便于习琴者快速掌握乐曲节律，使得该派琴谱得以广泛流传。梅庵琴派还强调指法处理上要服从于琴曲内容的表现。梅庵琴派也非常注意吸取民间音乐素材，以浓郁的地方特色来增强艺术感染力，使古琴音乐成为雅俗共赏的艺术。

梅庵琴派是中国古琴发展史上的重要组成部分，它的形成和发展见证了近现代以来中国古琴音乐的流变趋势。尤其在琴学理念上倡导和崇尚开放性思维，尊重传统而又不为之所局限，一改文人琴乐中尚雅风气长期固守琴坛的局面，将生动的民间音乐元素引入古琴音乐，并且有效地吸纳西乐的合理因素，其浓厚的韵味、独到的审美品位，使传统的古琴音乐显现出鲜活的生命力。它的出现和存在不仅丰富了中国古琴音乐艺术宝库，也为古琴未来的创新与发展提供了有益的经验。

梅庵琴派2008年被列入国家级"非物质文化遗产名录"。

十番音乐

十番音乐是福州的一种器乐演奏曲，自清朝道光中期就开始流传，曲调来源大体上可分为曲牌、小调、哗牌以及一些流行歌曲，流传至今的曲调有《五凤吟》、《秦楼月》等21首。十番音乐的演奏乐器有13种，如弦乐器椰胡，打击乐器钹、锣、狼帐等。演奏时强调后半拍，音乐高八度，风格粗犷。

福州十番音乐的扩散速度是惊人的，到清末民初时，它不仅遍及福州各区县，还流传到宁德、建阳、南平等县。在20世纪二三十年代，福州十番音乐经历了发展中的一个高峰期，那时十番的班社不仅到过北京、上海、香港、台湾，还远赴东南亚等地演出、授艺。

楚州十番锣鼓（申报地区或单位：淮安市）

十番锣鼓的演奏主要用于宗教的超度、醮事与民间各种风俗礼仪活动。历史上曾有“十番箫鼓”、“十番鼓”、“十番”、“十番笛”等称谓，僧、道两家称之为“梵音”，民间则称之为“吹打”或“苏南吹打”。

十番锣鼓以锣鼓段、锣鼓牌子与丝竹乐段交替或重叠进行为主要特点。根据其所用乐器的不同，可分为“清锣鼓”和“丝竹锣鼓”两大类。只用打击乐器演奏的为“清锣鼓”，兼用丝竹乐器演奏者称“丝竹锣鼓”。

楚州十番锣鼓音乐共分三个声部：第一声部是器乐曲，第二声部是唱腔，第三声部是打击乐。器乐曲旋律优美，古曲韵味很浓；唱腔的唱词文学性较高，大部分是健康向上、追求美好生活的词句；打击乐的锣鼓点子不同于现代戏曲、民间的打击乐节奏，它的特点是节奏稳捷、轻重分明，各件乐器交替打出各种点子，具有独特性，大部分是行板。三个声部器乐和唱腔为一体，加上打击乐，唱一段后再由打击乐单独打出各种锣鼓点子。楚州“十番锣鼓”以唱、奏、敲打三个声部为一体。曲中时而加入锣鼓曲牌，乐曲结尾大部分以锣鼓曲牌为主。也有器乐曲，器乐曲高潮处为衬托气氛时而加入锣鼓与器乐合奏以增加渲染力。

楚州十番锣鼓文场有两支曲笛、两支箫、两支竹管、两盘笙、两面琵琶、两把三弦、两把硬弓、两把软弓，共16件；武场有班鼓、板、堂鼓、大锣、小锣、皮叉、木鱼、碰铃、糖锣、号筒，共10件。楚州十番锣鼓演奏者不仅可以坐堂演出，而且可以走街串巷。艺人们身穿长袍、戴礼帽，再加上一个较大的轿子，由八人抬着边走边演奏，声势浩大，再伴有踩高跷、打莲湘等，热闹非凡，百姓十分喜爱。

十番锣鼓的演奏者，多为民间职业性鼓乐班“堂名”中的乐手和寺院中的道士。不少民间艺人分散在农村亦农亦艺，他们随时可被“堂名”班主或寺院当家道士招聘去参加民间婚丧喜庆活动的演奏（道士不参加民间婚礼的演奏活动）。每逢春节、中秋以及庙会、赛龙船等节日，民间则广泛地组织自娱性演奏，在群众中有着深厚的基础。

楚州十番锣鼓2008年被列入国家级“非物质文化遗产名录”。

邵伯锣鼓小牌子（申报地区或单位：扬州市江都区）

邵伯锣鼓小牌子属于一种丝竹与锣鼓相间的民间器乐种类，流布于扬州市江都区邵伯镇及其毗邻的杨庄、真武、樊川、仙女镇等地区（包括邵伯湖西岸邗江沿湖集镇）。明清时期江苏地区的民歌、小调非常丰富，邵伯锣鼓小牌子正是这一历史阶段的产物。邵伯锣鼓小牌子的曲调来源于民间的清曲小唱，在乐曲结构上又受到传统十番锣鼓的影响，从而形成了自己独特的音乐形态。

自19世纪下半叶以来，邵伯锣鼓小牌子一直是当地人民群众喜闻乐见的艺术形式，也是民俗文化活动的重要组成部分。每逢农历三月二十八的“东岳庙会”、六月十九的“观音会”、七月十五的“盂兰会”，以及春节、元宵节等节日，一般都会有锣鼓小牌子的演出。20世纪30年代，邵伯北大街城隍庙附近的翟姓（粮行业主）与程姓（酒行业主）两家为了使祖辈的“闹台吹打”技艺传承下去，在三十多名民间器乐爱好者的共同参与下，正式组建了“同福会音乐班”。此后，乐班除了不断改善演奏乐器的质量与配置外，还注意对传统曲调的改编，使得锣鼓小牌子更加富有生活气息。

邵伯锣鼓小牌子的独特音韵留给邵伯人的印象极深。流行的牌子曲有六十多首，常奏的有《八段锦》、《二六》、《青阳扇子》、《鹦鹉歌》、《十八省夹堂子》以及《剪剪花》、《川心》、《梅花三弄》、《柳青娘》、《十八省》、《九连环》、《下盘棋》等。

邵伯锣鼓小牌子是江苏中部地区独具特色的民间器乐形式，它的存在见证了明清俗曲与传统十番音乐相融合的流变事实，反映了传统器乐演奏形式逐渐世俗化的发展趋势，蕴涵着这一特定历史时期、特定地域人民群众的审美情趣。历史上邵伯锣鼓小牌子得以生存的社会环境，实际上就是一幅生动的民俗风情画卷，具有重要的研究价值。

邵伯锣鼓小牌子 2008 年被列入国家级“非物质文化遗产名录”。

高邮民歌

申报地区或单位：高邮市

高邮民歌是高邮湖以及里下河地区的人们在生产生活中广为流传的民间歌曲，主要有号子、小调、情歌及各种生活风俗歌谣、儿歌、对歌等，曲调优美淳朴，节奏婉转轻盈，有着浓郁的里下河水乡风格。

江苏的文化特征是“吴韵汉风”，与此相对应，在民歌上体现为苏南的吴歌和苏北的楚歌，两者风格迥然不同。吴歌的范围包括苏锡常和南京高淳，而以苏州为“第一高地”，其主要特征是“嗲”；楚歌的范围是江苏北部地区，风格粗犷。处在吴歌和楚歌交融地带的以高邮为中心的苏中里下河地区，包括宝应、兴化，辐射江都、仪征这一南北交会、以下江官话为方言的江淮地域，历史上南北文化对流，新鲜的民歌元素不断聚集补充，逐渐演变为空前繁荣的“歌乡”。从上世纪 80 年代至今，高邮连续举办了 23 届“赛歌会”，目前已收集、整理出的高邮民歌接近 500 首。

高邮民歌原是“驱傩”时祭祀歌谣的一种，被称为“乡人傩”，它在《论语》中就有记载，距今已有两千多年历史。后来，高邮籍大词人秦少游、散曲大家王磐等文人从民歌中汲取丰厚的营养，也大力促进了民歌的再创作。另外，曾在高邮担任驿丞的蒲松龄等文化名人直接或间接参与创作，丰富了高邮民歌的内涵，提升了高邮民歌的品位。因此，高邮及其周边地区也顺理成章地成为民歌创作的一块沃土。

在一些地区，民歌早已成为人们的记忆，可是在如今的高邮，仍有一大批民歌创作者和演唱者活跃在乡间田野和城市街巷，为群众所喜闻乐见。高邮民歌在传承上延续老歌手教新歌手的传统，代代相传，并已形成相当规模的传承谱系。

高邮民歌 2008 年被列入国家级“非物质文化遗产名录”。

海门山歌

申报地区或单位：海门市

海门山歌流行于江苏海门等地区，是海门的地方剧种，也是吴歌的一种。海门山歌分两类：一类是即兴山歌，大多是在田里劳作或者农闲时随口编成；第二类是叙事山歌，歌词有十几句、几十句，乃至几百句。海门山歌在演唱方式上主要是独唱和对唱。海门山歌曲调优美朴实，清新流畅，乡土气息浓重，有鲜明地方特色，距今已有五百多年的历史。

山歌是传统音乐中民歌的一种，是指劳动人民在劳动生活中即兴哼唱的抒发情感的歌。海门山歌内容大多是反映劳动生活和男女爱情。歌中有完整的故事情节、生动的人物形象、丰富的思想感情。海门山歌从广义上来说，以号子山歌和小调为主，如传统的通东山歌调、沙地山歌调、“打樱桃”调、“小郎侬儿来”调、“花望郎”调、游湖调、佛祈调、利市调、木工号子、拉网号子等等。

海门山歌蕴藏着丰富的原生态音乐资源，其历史源远流长，对推动诗歌创作和音乐创作起着重大作用，是民族优秀文化的重要组成部分。海门山歌语言淳朴自然，形象生动，情趣盎然，其音乐清纯甜美、悠扬婉转。歌者以大自然为舞台，与江海共鸣，与原野同辉，数百年来流传不绝，因而海门被誉为“山歌之乡”。

海门山歌 2008 年被列入国家级“非物质文化遗产名录”。

吟诵

吟诵是介于“唱”和“读”之间的吟唱古典诗词文章的艺术，融文学、音乐、语言为一体，是汉文化圈中对汉语诗文的传统诵读方式，是汉诗文的活态，也是中国人学习文化的高效方法，有着三千年以上的历史，有着重大的文化价值。

汉语的诗词文赋，大部分是使用吟诵的方式创作的，也只有通过吟诵的方式，才能深刻体会其精神内涵和审美韵味。吟诵通过私塾和官学教育体系口传心授，流传至今。吟诵的内容是经典诗文，吟诵的形式是依照汉语的特点和诗词格律而进行。吟诵的方法分两大类。有格律者（近体诗词曲、律赋、骈文、时文等）为一类，依格律而吟诵；无格律者（古体诗、古文等）为一类，多有上中下几个调，吟诵时每句或作微调，组合使用，以求体现诗情文气。

吟诵是中国传统文化，尤其是儒家礼乐文化的重要组成部分。吟诵是纯粹的口头非物质文化，因此既无定调，也无曲谱。只是不同的吟诵者有一些基本调。这些调或来自师承家传，或借旁人之调，或自采别调，但都经自己的语感改造过。这些调一般为古体诗的几个调，近体诗的平起、仄起各数调，读文则与此接近。

吟诵者可以用基本调吟诵任何诗词文赋，但是，真正好的吟诵是吟诵自己喜欢的诗文，因为吟诵是自娱。这些诗文经过反复吟诵，琢磨烂熟，在基本调的基础上又有改进，形成独特的曲调。

吟诵是我国优秀的非物质文化遗产代表作，是公认的中国文化独特魅力之一，在国际上享有很高的声誉。吟诵汉诗在海外一直盛行不衰，不仅在华人中间，在日本、朝鲜、越南等国，皆有汉诗文吟诵，传承达千年以上。

常州吟诵（申报地区或单位：常州市）

常州吟诵是根植于常州、运用常州方言进行的吟诵，它不同于其他地区的吟诵。常州方言的声调体系与中古汉语声调体系接近，常州吟诵较多、较好地保留着唐诗宋词等古典文学的音韵美。常州吟诵内容丰富全面，有吟诗（包括吟七律、七绝、五律、五绝等近体诗和吟《诗经》、乐府、《楚辞》、杂言诗等古体诗），吟词以及吟文言文等，风格多样，异彩纷呈，整体水平之高为各地所难以企及。

常州文化底蕴深厚，常州吟诵整体水平高，当代常州吟诵的代表性传人赵元任、周有光、屠岸等均为我国文化界“大家”级人物，钱璱之等传人也都出自儒学名门，其吟诵各有所宗。

首先以音乐为视角对吟诵艺术进行论述的，是常州人、我国现代语言学奠基者、著名音乐家赵元任。他在美国录下常州吟诗的音调，发表相关专论和《常州吟诗的乐调十七例》，使常州吟诵闻名国内外。吟诵在传播和传承中华优秀传统文化中发挥过重大作用，其影响遍及神州各地以及深受汉文化影响的日本、韩国及东南亚诸国。

常州吟诵 2008 年被列入国家级“非物质文化遗产名录”。

佛教音乐

佛教音乐是由梵呗发展而来的音乐。始自三国，源于印度五明之声明，通俗讲就是僧侣念经的声音。是指用清净的言语赞叹诸佛菩萨三宝功德，意为清净、离欲、赞颂、歌咏。属于“三学”的“定学”范畴，后来逐渐引申为佛教仪式中各种唱念的通称。

天宁寺梵呗唱诵（申报地区或单位：常州市）

梵呗，是指佛教活动中赞颂佛菩萨的声乐作品，是汉传佛教音乐的重要组成部分。其主体为“唱赞”和“诵经”两大部分，还包括音乐形态介于“唱”与“诵”之间的偈、咒、真言、礼佛号等。

常州天宁寺始建于唐贞观、永徽年间，为佛教禅宗著名道场，名列“禅宗四大丛林”之首，1983 年被国务院列为“全国汉族地区佛教重点寺院”。天宁寺梵呗是汉传佛教音乐的最大源头。至今，常州天宁寺梵呗依然较好地保留着一千五百多年前的风格，其梵呗唱诵为全国汉传佛教寺院公认之典范。

汉传佛教的音乐分为南北两派，北派特点是较多地吸纳了民间音乐的元素，比较高亢、激昂，而且大量使用笙管、丝弦等乐器。而以天宁寺梵呗唱诵为代表的南派，曲调哀婉、优雅，除了少数的打击乐器，基本上以纯人声的面貌出现。在汉传佛教音乐中，南方梵呗一直比北方梵呗占有更为重要的地位。至唐代，由于传授者的方法和理解不同，南北梵呗出现了差别。近代，全国各地寺院梵呗基本上又统一于南方，即常州天宁寺的标准，我国一些大丛林都以其唱念学来自常州天宁寺为傲。

通过数代人的努力，天宁寺梵呗唱诵如今影响遍及海内外。从南北朝时期以来，历朝历代，全国其他地方寺院的僧众，形成了来天宁寺“取经”的传统，该寺僧徒也经常云游四方，把天宁寺梵呗的精髓带到各地。上世纪 40 年代，每年更有一百多位僧徒在天宁寺佛学院结业后分赴各地，使天宁寺梵呗唱诵遍传国内。1949 年，该寺戒德、佛声、默如、莲航、宽裕等高僧赴台，分别担任台湾一些著名寺院住持。该寺前方丈敏智大和尚，曾任美国纽约世界佛教中心导师及美国纽约观音寺住持，更使梵呗远播海外。近年来，天宁寺的梵呗唱诵依然保持着汉传佛教梵呗唱诵的领军地位。

天宁寺梵呗唱诵 2008 年被列入国家级“非物质文化遗产名录”。

道教音乐

道教音乐，是道教进行斋醮仪式时，用于颂赞神仙、祈福祛灾、超度亡灵和修持养炼的音乐，道教追求长生和清净无为，道教音乐曲调庄严肃穆而清幽恬静。通过音乐的烘托、渲染，道教的斋醮仪式更显得庄严、肃穆、神圣和神秘。道教音乐作为一种古老的宗教音乐，渗透着道教的基本信仰和美学思想，形成了自己独特的格局。道教的信仰同汉民族的习俗有着十分密切的联系，所以，道教音乐与汉民族传统音乐的关系十分密切，它大量地吸取和糅合了宫廷音乐和民间音乐的曲调和演奏方法。

苏州玄妙观道教音乐（申报地区或单位：苏州市）

苏州玄妙观位于苏州市观前街，始建于西晋咸宁二年(276)，初名“真庆道院”，南宋淳熙六年(1179)重建主殿三清殿，元至元元年(1264)，改名“玄妙观”。清初，为避康熙帝玄烨名讳，称“圆妙观”。玄妙观极盛时有殿宇三十余座，是当时全国最大的道观。现有山门、主殿(三清殿)、副殿(弥罗宝阁)及二十一座配殿。苏州玄妙观山门雄伟高耸，重檐歇山，巍峨壮丽，是江南一带现存最大的宋代木构建筑。

玄妙观作为苏州道教宫观之首，也是苏州道教音乐研习、演奏的中心，观内道士尤以擅长道乐中的“文班”而著称。苏州道教音乐以玄妙观斋醮音乐为代表，其历史可追溯至西晋，它继承了古代“巫以歌舞降神，祝以言辞祷神”的传统，其艺术体系的形成一方面受惠于南唐、南宋的宫廷艺术，渐渐有了宫廷音乐的色彩；另一方面能融合地方语言和民间音乐成分，在吴文化的滋润下，无论是编曲还是演奏，都有不少创获，显示了鲜明的地方音乐特色。

苏州玄妙观道教音乐与斋醮法事的演道过程是浑然一体的整体艺术。它根据法事内容的需要而演唱不同的规定乐曲，从而为醮坛营造不同的氛围。明末清初，施亮生真人辑成的《斋天》等科书和清嘉庆年间道士曹希圣重订的《钧天妙乐》，至今仍是玄妙观从事斋醮法事的规范。

苏州玄妙观道教音乐包括器乐和声乐两大部分。器乐主要有笛曲、鼓段和由两者联缀而成的套曲，演奏方式有坐奏、行乐等。声乐为道教的经韵，有旋律的为韵腔，包括赞、颂、偈、诰、咒、符等诸种形式。在赞、颂、偈等行腔中，采用民歌(吴腔)韵调，是苏州道教音乐的一大特点。例如同一首唱偈，在演唱中，苏州与上海就各不相同。苏州唱偈带有浓厚的吴歌韵调，称为苏州腔，故至今苏州道教习法者都是本地人。

苏州道士属正一派，素以吹、弹、打、写、念为做法事的基本技能。为了谋生，他们日夜苦练，下的工夫不亚于过去戏曲界的科班学习，人人都要学会多种乐器。只有在演唱、演奏方面具有高度水平，才有资格担任法事中的“高功”、“都讲”和乐班中的鼓手、司笛等较高的职务。所以，苏州涌现了不少著名乐师，他们或精于音律、善于编曲，或乐器演奏技艺精湛，或在经韵吟唱方面造诣深厚。正是在一代代道士的辛勤努力下，苏州道教音乐才渐渐臻于精美，走进了艺术的殿堂，并获得了“姑苏仙乐”的美誉。

说到苏州玄妙观道教音乐，就不能不提具有苏州地方特色的一项道教绝技——飞钹表演。飞钹是过去道教活动中的保留节目，它融技巧、音乐、信仰于一体，具有较高的欣赏和研究价值。它在宗教活动中主要用来娱神，即能使召下来的天将、神仙欢乐，为我所用，将大家的名字与心愿上报天庭。其次是用来避邪、辟煞，辟掉晦气，使人不入邪门、不入地狱、不入病疫之灾，逢凶化吉，给大家带来好运。飞钹表演与道教音乐的关系犹如演员与乐队的关系，飞钹表演者在台上表演时，道教音乐则为他们伴奏；飞钹表演什么动作，乐队则必须演奏什么音乐。就好像演员唱什么戏，乐队就为他们演奏什么曲子一样。这样就使流传千古的道教音乐达到了声形兼备、动静结合的完美境界。几百年来，飞钹表演曾在湖北武当山、江苏茅山和江西龙虎山等道教圣地广泛流传。

苏州道教音乐既有浓郁的地方民间音乐特色，又不同于其他地方道曲的风格。在醮事活动中，苏州道教音乐的灵活性，独特的大鼓独奏、三弦独奏上的倾向性的引路作用，一曲四吹等方面，都有标新立异之处，给人留下了深刻的印象。苏州道教音乐历史悠久、结构完整、对比强烈、表现力丰富，具有很高的艺术价值和历史价值。

苏州玄妙观道教音乐2006年被列入国家级“非物质文化遗产名录”。

无锡道教音乐（申报地区或单位：无锡市）

无锡道教音乐是中国民族音乐的一朵奇葩，是吴地民间音乐的一个重要支脉。经过千余年的发展，它承袭了中国道教经典音乐的传统，但又不墨守成规，在发展过程中博采众长，吸收了民间音乐和苏南地方戏曲，尤其是昆曲等优秀成分，形成了鲜明的地域风格。

无锡道教音乐可分为“腔口”、“梵音”、“锣鼓”三大类型。“腔口”属于声乐艺术，通过演唱来体现道教的神学意义，有赞颂、步虚、咒、道曲、朗念等格式，音乐风格有浓郁的地域特色，音韵清丽典雅。“梵音”亦称“十番鼓”，明代已有，以单皮鼓独奏技术为其主要特色，以鼓点的疏密，鼓心、鼓边的音高变化，点插、满插的交互运用等繁复的技法来表现梵音细、轻、柔、雅的音乐风格。“锣鼓”又称“十番锣鼓”，晚于梵音音乐，它以云锣、拍板、板鼓、双磬、大锣、喜锣、七钹、大钹等十五六种打击乐器组成粗锣鼓和细锣鼓，再加以大小唢呐、曲笛、笙、二胡、梆胡、三弦、琵琶等丝竹乐器，组成粗细丝竹锣鼓、笛吹锣鼓、笙吹锣鼓等。

清末到民国是无锡道教音乐的辉煌时期，当时无锡道教乐坛人才济济，高手辈出，出现了“五个档”、“八兄弟”、“十不拆”等班社组合，涌现过琴家阚献之、南鼓王朱勤甫、天才音乐家阿炳等杰出代表。《二泉映月》、《十八拍》、《听松》、《大浪淘沙》、《云中腾飞》、《下西风》等名作就诞生于无锡道教音乐这片沃土。它是敢于创新、力求完美的数代无锡道教前辈共同努力的成果，是无锡道教对我国民族音乐艺术的重大贡献。

无锡道教音乐2008年被列入国家级“非物质文化遗产名录”。

茅山号子

申报地区或单位：兴化市

茅山号子是起源于兴化茅山地区的一种民歌。

茅山人民在生产劳动中，用号子配以号词，以激发情绪，抒出胸臆。茅山号子是一个广义的概念。从表现劳动的形式上可分为车水号子、栽秧号子、薅草号子、挑担号子、碾场号子、掼把号子、牛号子等；从音乐结构上可分为长号子、短号子。演唱形式为一人领唱、多人搭腔。狭义的茅山号子是指车水号子和栽秧号子，其中栽秧号子在茅山号子中独占鳌头，俗称“小妹妹”。这与人们的性格以及劳动分工有关。一般说来，男人嗓子粗、力气大，踏车车水、挑担碾场，打起号子来粗犷豪放、急促有力；女人声音尖、心儿细，栽秧薅草、顺藤理根，专心细致，打起号子来轻盈细腻、婉转悠扬。茅山号子演变至今，已成狭义上的号子了。人们习惯在表现紧张的农活时打车水号子，即短号子；在表现轻松的农活时打栽秧号子，即长号子。茅山人打号子行腔稳健、咬字有力、吐音清晰、富有弹性，真正体现了民族演唱方式的特色。

茅山号子源远流长，可追溯到秦灭六国，四海一统的时候。相传为固万世之基，秦始皇大征民夫，修筑长城。孟姜女寻夫送寒衣，行至山海关，看到老弱病残背石扛土，不堪重负，又不敢在监工面前喘气呻吟，遂教他们用“哼号”、“咳号”一打一答的方法来顺气省力，并逐步形成了原始的劳动号子。这时，茅山籍的民夫也于其中学会了号子。后来幸存的民夫回到家乡，便将孟姜女所传号子在劳动时打起来，果然鼓起了大家的劳动劲头。后来，茅山人民在长期的生产劳动中，不断编唱出新的号词，逐步形成了独具特色的茅山号子。

茅山号子从古代一直唱到今天，久盛不衰，闻名遐迩。茅山号子以舒缓悠长的音调旋律、明快有力的音乐节奏、快慢自由的演唱速度、分合有致的歌唱形式，形成了高低协调、咏叹自如而独特的民歌风俗。

茅山号子 2011 年被列入国家级“非物质文化遗产名录”。

唢呐艺术

唢呐，又称喇叭，是一种外来乐器。据考证，西晋时期新疆石窟寺的壁画中就已经出现了唢呐演奏的绘画。在金、元时期，唢呐传到我国中原地区，后成为我国各地普遍使用的民族乐器。它发音高亢嘹亮，音域宽广而富于变化，表现力强，通常在民间吹歌会、秧歌会、鼓乐班、戏曲、歌舞等表演中独奏、伴奏使用。

徐州鼓吹乐（申报地区或单位：徐州市）

民间鼓吹乐是以唢呐为主奏乐器，以笙、笛等吹管乐器为主伴奏乐器，以梆子击拍，间或配以锣、钹等打击乐器的民间器乐乐种。鼓吹乐艺术是一种风俗性活动，唢呐班是其中一种职业性的乐队，大多用于婚丧嫁娶、祭祀等场合。同时，鼓吹乐长期活动在民间乡村，经常在田头、广场演奏，因而能够最广泛、最密切地接触群众，深受广大民众喜爱。

徐州唢呐在沛县、睢宁县等地流传最广。清乾隆年间所修的《沛县志》中记载："沛人喜唢呐。"沛县民间有"唢呐艺人和剃头艺人是一家"的说法，迎亲或送葬的唢呐路过剃头铺（理发店）时不演奏。唢呐在睢宁的发展也源于明代，清代中期睢宁赵家唢呐小有名气。清道光十八年(1838)，值邳州廪生徐井山重建古下邳"峄阳书院"落成之际，时任知州组织多名民间唢呐吹奏艺人庆典祝贺，其中睢城南青春村唢呐艺人赵立福吹奏技艺尤其突出。从此，在逢地方庙会、民间节庆、婚丧嫁娶和祭奠仪式时，赵立福时常被请出演奏，赵家唢呐也就逐渐形成了专职班底。后随着世代传承，赵家已连续六代人痴迷于唢呐吹奏技艺，并不断创新发展，至今已有一百七十多年历史。

徐州唢呐在领奏、伴奏及锣鼓合奏中，具有独特的艺术特色。徐州唢呐适于表现热烈、欢乐的气氛和雄浑、壮阔的场面，尤其是豪放、泼辣的曲调具有震撼人心的效果。同时，又能深刻、细腻地抒发内在的思想感情，惟妙惟肖地模仿飞禽啼鸣、昆虫轻唱，给人以绕梁三日的美感。

徐州鼓吹乐 2011 年被列入国家级“非物质文化遗产名录”。

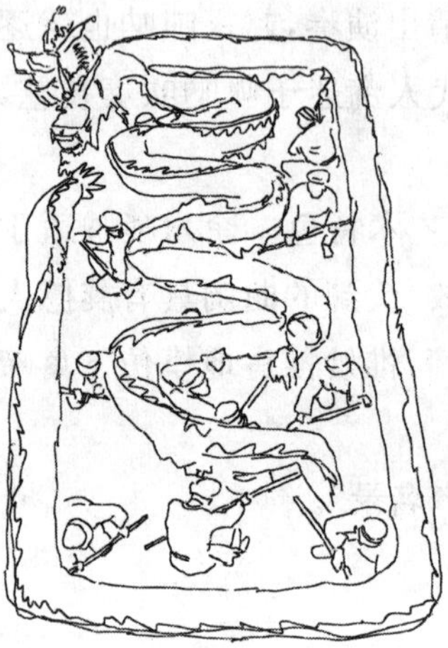

龙舞

龙是中华民族的象征，代表着力量、奋发、开拓和腾飞。龙舞历史源远流长，龙舞文化博大精深，它经历了由静态到动态、由简单到复杂、种类由少到多、由娱神到娱人的过程。近至各少数民族，远至日、韩以及美洲的印第安文明，在众多种类的舞蹈中，龙舞作为世界上长存于世的一种艺术形式，其流传之久、分布之广、影响之深，是其他艺术难以与之相媲美的。

骆山大龙(申报地区或单位:南京市溧水县)

骆山大龙起源于明代，是南京市溧水县和凤镇骆山村重要的民俗文化活动之一。当地百姓依赖石臼湖为生，新年来临时，则在湖滩上载歌载舞，以降魔驱妖，祈求风调雨顺、人口平安。相传当年一名叫杨培庵的进士，在庙中避雨时救了一条受惩的断尾小白龙，并将其带回骆山村，从此当地便有了舞龙习俗。舞龙的时间一般从腊月二十四开始，一直持续到次年正月十八。此时，正值冬季枯水季节，有大片湖滩可以利用，因此，骆山大龙龙身巨大，体长将近百米，参与者达五百人之多，号称“江南第一大龙”。

骆山大龙的制作工艺相当讲究，主要步骤有扎制龙身骨架、糊纸、彩绘等。龙头高 2.3 米，宽 2.2 米，龙身共 24 节，每节长 2.8 米，整个大龙体长将近百米。龙头上还要扎制一百单八将，有“桃园三结义”的刘、关、张，还有杨宗保、穆桂英、樊梨花等民间传奇的英雄人物。表演时，龙尾处还需接出一截长约十米的粗绳，由十几位精壮后生用力拖拽，以起到平衡的作用，目的是为了防止舞龙时因惯性过大而造成龙尾脱手。大龙扎制完成以后，要到腊月二十四起草时再行开光。此外，还需制作龙旗、彩旗、大小灯笼，以及喇叭、马蹄炮等。还要制作云板和彩绣。云板共 66 面，用竹篾扎制轮廓，用蜡光纸、金纸及各色彩纸糊制，上面绘有云形图案。彩绣分为制作头饰、绣衣及绣花等。

舞龙主要分为跳珠、跳龙、跳云三部分。跳珠是由掌珠人在前面引导龙首前行。跳龙时掌珠人手持火红龙珠，百般引诱挑逗，大龙在掌珠人的引导下，高低起伏跳跃，其阵式有巨龙摆尾、一字长蛇阵、盘旋阵等。跳云由六十几名八至十二岁男童表演。他们身着彩衣、彩帽，脚穿绣鞋，每人分别手持两块绘有云彩的云板。他们在龙身围起的空场中进行表演，分为图阵和字阵两种。图阵有“双龙出水”、“满天星”、“三角形”、“五角形”等各种阵式。

骆山大龙兴起后，在南京溧水、高淳等地区产生了重要影响，腊月、正月到骆山看龙成为一种大众文化娱乐活动。人们还利用这一机会走亲访友，增进感情。届时，偌大湖滩上旗帜招展，鞭炮、喇叭声不断，儿童打扮得花团锦簇，白色巨龙在湖滩上盘旋，一时人潮涌动，观者如堵，场面十分壮观。

骆山大龙是溧水地区民俗文化的生动形式，其整套出会仪式和表演程序反映了古代人民对于天地的敬畏和对大自然的认知，加之活动期间走亲戚、赏龙灯、喝年酒等相关习俗，更是体现出浓郁的苏南地域文化特色，故具有较高的研究价值。

骆山大龙 2008 年被列入国家级“非物质文化遗产名录”。

直溪巨龙（申报地区或单位：金坛市）

直溪镇的巨龙，是以龙为艺术造型的一种民间表演样式。因源于当地巨村，又因龙身巨大，故称“巨龙”。

直溪巨龙所在地巨村，位于金坛市的西北部，镇江市丹徒区、句容市、丹阳市之交界处，并与丹徒的荣炳镇相邻。巨村历史悠久，民风淳朴，文化底蕴深厚。据传刘伯温曾在巨村任过塾师，民间相关的见闻和传说颇多，并有部分遗址和遗迹，且与舞龙有关。直溪巨村因属江南地域的边缘，地域文化和民间文化品种的流通较为活跃，舞皮老虎、舞狮子、舞龙灯等娱乐活动历代盛行。

直溪巨龙最早是以稻草为材料扎制而成。将稻草按龙体粗细捆扎延连相接，草捆中分若干节插入木棍，制成便于自由弯曲的龙身、龙头和龙尾。龙体长十五米左右，可由七八个人舞动。后数百年间制作工艺不断进化，约在民国初年开始改为以竹篾扎制，骨架外裹以龙鳞状的布皮和蜡烛灯饰等。巨龙每一节为两米，最长的龙身有一百节，全长有两百米，需近百人协同表演。表演者最初没有统一着装，民国后期开始讲究服饰，统一穿清末服式的彩衣彩裤，腰扎彩带，头戴英雄帽或头扎英雄结。按风俗，巨龙每年于农历正月十四“出龙”，“出龙”时鸣放爆竹，气氛隆重。

舞得活、舞得圆、神态真、套路多、速度快，这是舞巨龙的主要艺术特征。整个舞蹈由跳、钻、游、叠、戏、盘等基本套路和串阵、翻花等过渡动作组成，舞者动作矫健，舞姿变化多端，技艺娴熟。所有舞蹈动作都在龙的游动中进行，能做到“形变龙不停，龙走套路生”，“人紧龙也圆，龙飞人亦舞”，造型生动，转换巧妙，动作间的衔接和递进十分紧凑。龙身长而舞动轻便灵活，传统套路多达数十个，为一般龙舞所罕见。

直溪巨龙 2011 年被列入国家级“非物质文化遗产名录”。

竹马

竹马是用竹篾扎成的一种道具，用于民间舞蹈竹马灯。

东坝大马灯（申报地区或单位：南京市高淳县）

东坝大马灯流行于南京市高淳县的东坝镇一带，尤以东坝村最具代表性。东坝（古称银林）自明洪武二十五年（1392）建镇，至今已有六百多年的历史，文化底蕴深厚。东坝大马灯起源于唐，盛行于宋。当时东坝商贸繁荣，商贾云集，亦不乏文人雅士。每年农历三月、五月、七月都有庙会活动，春节、元宵节民间文娱活动更甚。一些儒商认为当地百姓看惯了船帆，而很少见到车马，于是受汉代“骆驼载乐”的启发而兴起竹制“大马灯”，在春节、元宵节期间舞玩。

东坝大马灯是一项模仿战马造型的民间舞蹈，用竹制马架，外表用绒布制成马皮，并饰以马鞍、缰绳、铜铃等，形神兼备。大马灯一般由七匹马组成，表演时模仿真马动作奔跃，扮演刘备、关羽、张飞等三国人物的小演员飞身跃马出征，在鼓点的指挥下，配以民间器乐，马队交替布阵，最后按“天下太平”四字笔画走阵收场，整个场面非常壮观。东坝大马灯的表演者都是东坝村村民，老少三代同台表演，世代相传。

大马灯在造型上比一般马灯的道具马型高大，是由两人组合表演一匹马。前面一人戴道具扮马头，后面一人曲身紧抓前面人的腰带，披戴道具作马身，两人互相牵制，表演时难度较大。在练习阶段要求比较严格，扮马人首先要熟悉真马的性情、动态、静貌，其次是苦练马步功夫。马在行走时，演马首的起左步，演马身就要跟右步。两人四条腿左右交替，亦步亦趋，紧密配合，达到和谐统一，才能把假马演得逼真神气。

东坝大马灯代代相传，训练有素。表演时七名少儿扮演三国戏剧中刘备、关羽、张飞、赵子龙、黄忠、马超及旗牌报手，乘坐七匹战马，在旌旗招展、战鼓雷鸣中策马扬鞭，疾驰而出。七马昂首长啸，奋蹄奔腾，俨如疆场驰骋，令人眼花缭乱、目不暇接。

东坝大马灯造型逼真，表演生动，气势磅礴，体现了高淳人民崇尚忠义的思想和改天换地的龙马精神，表达着对“天下太平”和谐社会的追求和向往，具有重要的历史和人文价值。

东坝大马灯 2008 年被列入国家级“非物质文化遗产名录”。

邳州跑竹马（申报地区或单位：邳州市）

邳州跑竹马，又称“竹马舞”、“竹马会”。邳州跑竹马流行于滩上、八路、徐塘等镇，属自娱自乐型民间舞蹈。表演者腰间系挂着“竹马”或“麒麟”，手擎马头、麒麟头，身穿古戏服，着彩妆，装扮成历史人物，表演出各种跑马阵势，是邳州传统的民间舞蹈。邳州跑竹马相传始于宋代，内容取材于鞑子（金兀术）跨马游春的故事，已有一千多年的历史。经历代民间艺人的排演与实践，已形成了固定的演出形式，具有鲜明的艺术特色。

邳州跑竹马的道具以竹篾扎壳，用五彩纸、彩绸扎糊成马的形状，故亦名为“竹马”。驾马者将竹马系于腰间，后跟随擎旗马童一人（配对），五对为一组，也可根据演出气氛的需要增加为多组。领骑者跨麒麟，着铠甲，穿豹衣、彩裤，戴髯口；马童身着兵卒服饰，背插刀剑，擎彩色龙凤旗随马而舞。舞者按照设计的跑阵路线，伴随着音乐锣鼓，策马跑阵。邳州跑竹马舞蹈的特点重在“跑”，以“跑”贯穿始终，即跑中见阵、阵中见情，跑出姿态、跑出阵势、跑出气势是其三大要领。其基本舞姿有喝马起跑、催马小跑、放马轻跑、纵马快跑、鞭马疾跑、勒马倒跑、吁马停跑等。阵势有“一字长蛇”、“二龙取水”、“四门兜底”、“五虎寻羊”、“八卦阵”、“十字梅花”、“乌龙摆尾”、“剪马股”、“双套环”、“单套环”、“双穿花”、“狗尾圈”等。

邳州跑竹马经过数代人的演绎创造，先后融入了打击乐、唢呐及歌唱等伴奏形式，逐渐形成了一种载歌载舞、气氛热烈的地方民间舞蹈形式，并在传承发展中派生出了多种不同的风格和流派。其中滩上跑竹马最为精彩独特，最具代表性，已演出、传承了二百多年。

邳州跑竹马 2008 年被列入国家级“非物质文化遗产名录”。

蒋塘马灯舞(申报地区或单位:溧阳市)

蒋塘马灯是流传于溧阳市社渚镇蒋塘村一带的传统舞蹈。民间传说蒋塘马灯始于明嘉靖年间。因蒋塘义军首领虞顺祭祀抗辽英烈杨家将等民族英雄而形成跳马灯的习俗,并传承至今。

蒋塘马灯,用竹篾仿马扎型,神形兼备,栩栩如生。十匹马是神马,配有神将、马童、护卫者、执事人、旗鼓铳手等。十位神将身披战袍,头戴木雕傩面具,其余人等身着黄衣黄裳。头马杨文广,二马巴焦女将军,三马俄皇万岁,四马姜通大将军,五马观音大士,六马虞氏一品夫人,七马黄道士,八马魏化护口大将军,九马黑魁大将军,十马祠山大帝张勃。

蒋塘马灯表演分上下两场。上半场表现杨家将率众抗击敌军。令旗指挥十匹神马,首先是“包围敌军”:十匹神马踩着鼓点依次围场转圈,先小圈后大圈,先慢走后快跑,越跑越快,奔跑跳跃,象征正在包围一座城池;二回合“力杀四门”:城池内有四面战旗,象征东南西北四座城门,三匹神马依次跑圈,金鼓齐鸣,马铃叮当,爆竹震耳,一派粗犷刚劲的疆场气势;三回合“攻破敌城”:四匹神马依次跑转圈,象征城已攻克;四回合“全歼敌军”:十位战神手握刀枪剑戟,在神马包围中奋力刺杀,人喊马嘶,刀光剑影,杀声震天,象征攻城后追杀残敌;锣鼓时而敲打出“走马锣”,时而敲打出“急急风”,招军(一种吹奏乐)时而吹奏出高昂激越的哨声,时而吹奏出爽朗的欢笑声。下半场表演军民共庆胜利,祝福万民安居乐业。十匹神马兴高采烈,十位神将欢欣鼓舞,逐次排列出“天下太平”阵图。

蒋塘马灯舞 2011 年被列入国家级“非物质文化遗产名录”。

跳马伕

申报地区或单位：南通市如东县

“跳马伕”是如东地区纪念“都天王爷”等菩萨的迎神赛会中的祭神舞，是汉族男子群舞的骏马图腾。“跳马伕”主要流传于南通如东地区，其中尤以丰利、潮桥为盛，至今已有四百多年的历史。

据传，“都天王爷”是唐肃宗对其守将张巡的追封谥号。唐至德二年（757）十月，张巡为抵抗安禄山叛军，守唯阳城（今河南商丘南）十月，弹尽粮绝，乃罗雀掘鼠，给将士充饥。叛军再犯，张用奇谋令军士身系马铃，在城头奔跑，使叛军疑是援军已到而魂飞魄散。但张巡终因寡不敌众，以身殉国。后来朝廷追封，百姓建庙，并于其生日进行祭祀。明清之时，倭寇海匪经常骚扰沿海，当地人寄情于张巡，追思英烈，祈求神明消灾降福，于是将供奉逐渐演化为“烧马夫香”。

在纪念“都天王爷”等菩萨的“行会”中，少至三五百人，多至三千余人的“烧马夫香”者，跳着刚健简朴的舞步，发出震耳的吼声，跳跃于“都天王爷”等菩萨的銮驾前，为其开道，显示出剽悍、粗犷的气势和勇往直前的精神，表示对神的尊敬、对英烈的追念、对不屈不挠斗争精神的崇敬，并寄托着神明消灾降福的愿望，象征着中华民族勤劳勇敢、团结奋斗、勇往直前的民族精神和英雄气概。

“跳马伕”是男子群舞，无音乐伴奏，主要靠马夫身上佩戴的马铃声伴舞，舞蹈机动多变。舞台上一排排粗犷剽悍的马夫，身系马铃，口衔银针，头戴红缨嵌宝牌面，手执马扦，腿裹素布，脚着草鞋，胸悬护心挂锁，腿系镂空黑底短围，目不斜视，群起舞蹈；跺步跳、横步跨，荡步跳、纵步跨，整体动作刚韧有力。该舞为民舞中少有的富有阳刚之气的汉族男子群舞，动作沉而不懈，梗而不僵，具有雄浑刚健、豪放有力之特点，堪称艺术百花园中的奇葩。

跳马伕 2011 年被列入国家级“非物质文化遗产名录”。

昆曲

申报地区或单位：江苏省

昆曲，原名“昆山腔”，简称“昆腔”，清代以来被称为“昆曲”，现又被称为“昆剧”。昆曲是我国传统戏曲中最古老的剧种之一，也是我国传统文化艺术，特别是戏曲艺术中的珍品。

昆山腔早在元末明初即产生于江苏昆山一带，它与起源于浙江的海盐腔、余姚腔及起源于江西的弋阳腔并称为明代四大声腔，同属南戏系统。

昆山腔开始只是民间的清曲、小唱。其流传区域开始只限于苏州一带，到了明万历年间，便以苏州为中心扩展到长江以南和钱塘江以北各地，并逐渐流传到福建、江西、广东、湖北、湖南、四川、河南、河北各地，明万历末年流入北京。这样昆山腔便成为明代中叶至清代中叶影响最大的声腔剧种。

昆曲的音乐属于联曲体结构，简称“曲牌体”。它所使用的曲牌，据不完全统计，有一千种以上，南北曲牌不仅来源于古代的歌舞音乐，唐宋时代的大曲、词调，宋代的唱赚、诸宫调，还有民歌和少数民族歌曲等。它以南曲为基础，兼用北曲套数，并以“犯调”、“借宫”、“集曲”等手法进行创作。昆曲的伴奏乐器，以曲笛为主，辅以笙、箫、唢呐、三弦、琵琶等。昆曲的表演也有它独特的体系、风格，它最大的特点是抒情性强、动作细腻，歌唱与舞蹈的身段结合得巧妙而和谐。

昆曲在长期的演出实践中，积累了大量的演出剧目。其中有影响而又经常演出的剧目有王世贞的《鸣凤记》，汤显祖的《牡丹亭》、《紫钗记》、《邯郸记》、《南柯记》，沈璟的《义侠记》等，高濂的《玉簪记》，李渔的《风筝误》，朱素臣的《十五贯》，孔尚任的《桃花扇》，洪昇的《长生殿》，另外还有一些著名的折子戏，如《游园・惊梦》、《阳关》、《三醉》、《秋江》、《思凡》、《断桥》等。

昆曲是中国戏曲史上承前启后的重要剧种，对中国戏曲的发展产生过重要影响，具有无可替代的地位，对研究中国戏曲史具有很高的价值。它的音乐、表演艺术，在继承前代戏曲艺术成就的基础上，推陈出新，把民族戏剧艺术的成就向前大大推进了一步。在其流传的过程中，对现代全国大部分重要剧种，如京剧、越剧、川剧、湘剧等都产生过深刻的影响，为其他声腔剧种提供了极为丰富的借鉴内容。由于它具有中国戏曲典型的艺术特征，加之它本身受吴文化影响深刻，因此它具备了歌舞并重、优美典雅的艺术风格，具有充分体现中国艺术美学特质的审美价值。

昆曲 2001 年被列入联合国首批“人类非物质文化遗产代表作名录”，2006 年被列入国家级“非物质文化遗产名录”。

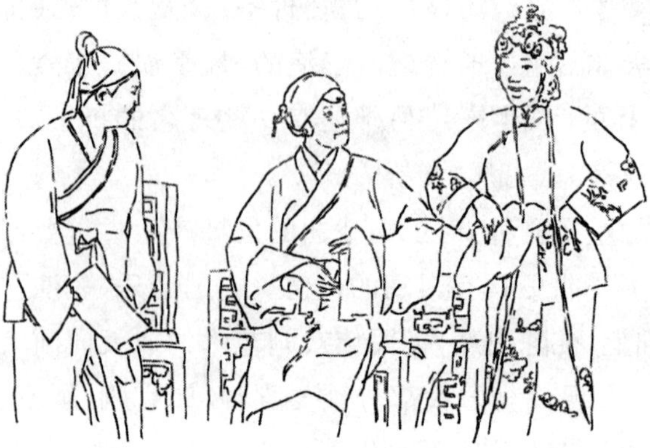

苏剧

申报地区或单位：苏州市

苏剧由花鼓滩簧与南词、昆曲合流而成，流行于苏南浙北城乡。其前身苏滩原名“对白南词”，俗称“打山头”，是一种围坐清唱的曲艺形式。由于苏剧在文学、音乐方面都与昆剧有着渊源关系，许多苏剧艺人兼唱昆剧，在昆剧衰落时期也有不少昆剧艺人改演苏剧，所以苏剧表演艺术因得到昆剧的滋养而逐步形成朴实、细腻、注重内心体验的独特风格。

苏剧音乐唱腔的来源主要是三部分：一是昆曲曲牌，二是南词，三是滩簧曲调。因深受昆腔的影响，所以苏剧的音乐风格婉转清丽、细腻动人，具有浓厚的江南风味。

苏剧的传统剧目与苏滩一致，分为前滩和后滩两大类。绝大部分前滩剧目源于昆曲，《西厢记》、《牡丹亭》、《红梨记》、《烂柯山》、《玉簪记》、《绣襦记》、《西楼记》、《占花魁》、《渔家乐》等为其代表性剧目，演出时以折子戏为主，其情节和对白与昆曲基本相同，唱词则由长短句改为通俗易懂的七字句。为适应苏剧演员不善舞蹈的特点，有时也会适度改动情节。后滩剧目有从昆曲等剧种和曲艺中改编移植过来的内容，也有由丑独唱的时调小曲和时事段子等。《教歌》、《张三借靴》、《嵩寿》、《探亲相骂》、《卖草囤》、《打斋饭》、《游观十八景》等皆是后滩的代表剧目。

苏剧常用的传统曲调有“太平调”、“弦索调”、“费家调”等数十种，其中太平调使用最多，又有慢板、快板、散板等各种板式。一些苏州一带流传的民歌小曲如《春调》、《劈破玉》、《大九连环》、《小九连环》、《五更十送》、《知心客》等也常作插曲使用。

苏剧的角色行当与昆曲基本相同，现有老外、老生、副末、冠生、巾生、雉尾生、穷生、老旦、正旦、作旦、四旦、五旦、六旦、净、副、丑等行当，演员往往一人兼几行。苏剧的表演亦充分借鉴了昆曲的经验，婉丽多姿，细致传神。

苏剧2006年被列入国家级“非物质文化遗产名录”。

扬剧

申报地区或单位：扬州市、江苏省演艺集团扬剧团、镇江市

扬剧是发源于江苏扬州、成长于上海的戏曲剧种。它以古老的“花鼓戏”和“香火戏”为基础，又吸收了扬州清曲、民歌小调发展起来，原名“维扬文戏”，20 世纪 30 年代中期被称为“维扬戏”，新中国成立后，改称扬剧。主要流行于苏北、江南、上海和安徽部分地区，迄今已有近三百年的历史。

香火戏和花鼓戏同是产生于扬州一带的地方小戏，虽各有不同，但均以扬州方言为基础，香火戏又称维扬大班。在长期的演出实践中，维扬大班和维扬文戏互相吸引，逐渐融合，不断吸收民歌小调和扬州清曲的优秀唱段，内容与形式日臻完美。1935 年，维扬文戏和维扬大班终于正式合并，称为“维扬戏”，扬剧从此产生。同期，苏北香火戏和扬州花鼓戏艺人在上海同台合演的《十美图》，也是这个新剧种破土而出的标志。

扬剧的音乐属于联曲体，唱腔刚柔并济，蕴涵了花鼓戏曲调的轻绵细腻、香火戏曲调的阳刚粗犷、民歌的隽永清新。扬剧的唱腔曲调十分丰富，有来自扬州清曲、扬州花鼓、扬州香火等三个方面的一百多种曲牌，其中扬州清曲占主导位置，如“满江红”、“梳妆台”、“剪靛花”、“银钮丝”等，均为扬剧的主要曲牌。

扬剧的表演艺术一方面继承本地乱弹和扬州民间的花鼓、香火、秧歌、杂耍、龙灯、麒麟唱、荡湖船等歌舞艺术传统，另方面又从流行于扬州的弋阳腔、昆曲、徽调等戏曲声腔吸取养料，形成了融表演、唱腔、舞台语言于一体的独具特色的艺术风格，长期以来深受广大人民群众的欢迎。

扬剧 2006 年被列入国家级“非物质文化遗产名录”。

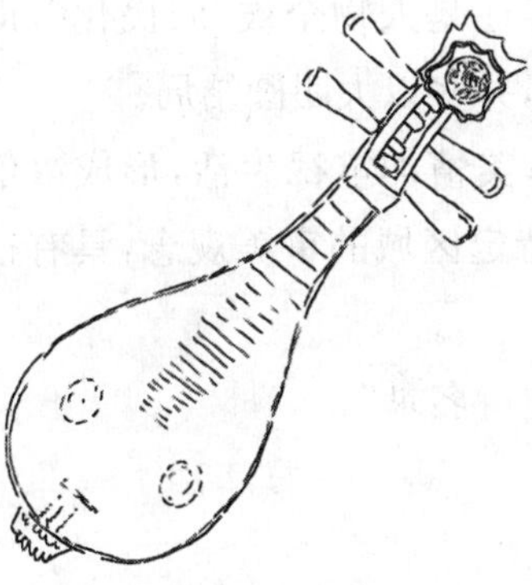

柳琴戏

申报地区或单位：徐州市

柳琴戏是流行于江苏徐州一带的土生土长的地方剧种，又名“拉魂腔”，已有两百多年的历史，因主要伴奏乐器为柳叶琴，故1952年定名为“柳琴戏”。

江苏柳琴戏是徐州及周边地区农民创造出来的宝贵文化遗产。自明末清初以来，苏北、鲁南地区各种自然灾害连年不断，以土地为生的农民只好背井离乡，以乞讨为生，遂形成庞大的灾民群体。“饥者歌其食，劳者歌其事”，从他们行乞时说唱的“吉利话”开始，经过二百多年的不断衍化，最终创造出江苏柳琴戏这个独具个性和艺术魅力的剧种。

由于徐州地处苏、鲁、豫、皖交汇地带，南北文化交融，因此产生于徐州地区的江苏柳琴戏不同于山东柳琴戏，它既有南方音乐的古朴舒雅，又有北方音乐的火爆激越，形成了现在清丽、秀美、热烈、泼辣的风格，这种文化艺术品质，正好切合徐州一带原住民的强悍、粗犷而又热情、仗义的性格，因此徐州周边才有“三天不听拉魂腔，吃饭睡觉都不香”的说法。

江苏柳琴戏以基本腔为基础，以色彩腔为调节，以民歌小调为补充组成唱腔和唱段，虽有板腔体音乐发展趋势，也留有联曲体音乐的痕迹。柳琴戏有自己的角色行当，如大生、小生、小头、二脚梁子、老头、老拐、勾脚等。在柳琴戏二三百年的发展过程中，并无文人介入，所以柳琴戏剧目中的故事铺展、人物品质行为等都是艺人自己生活体验的展现，柳琴戏剧目和篇子无论是内容还是人物全被“农民化”，即使是皇帝、高官，说的也是农民的话、做的是农民的事，并多以大团圆结局。

江苏柳琴戏作为徐州地方代表剧种，以农民的审美情趣审视生活，形成浓郁的地方特色，有着较高的观赏性、丰富的思想内涵和特定区域的审美观念，具有很高的历史、文化、和艺术价值。

江苏柳琴戏 2008 年被列入国家级“非物质文化遗产名录”。

木偶戏

中国木偶，源远流长，始为“俑”，后有“伎俑”，再则为“傀儡戏”。善歌舞的“偶人”源于汉代，而傀儡戏的盛行是在唐代。唐玄宗作《傀儡吟》曰：“刻木牵丝作老翁，鸡皮鹤发与真同，须臾舞罢寂无事，还似人生一梦中。”其时的傀儡戏有故事、有情节、有效果，已达到了一定的水平。

杖头木偶戏（申报地区或单位：扬州市、江苏省演艺集团）

扬州是中国木偶戏的发祥地。

杖头木偶戏俗称“三根棒”，是由表演者依托一根命杆和两根手杆进行操纵表演的艺术。杖头木偶戏始于唐代。宋代扬州，木偶戏已成为当时戏剧领域里最古老而又富有特色的一个剧种，不仅在市井演出受欢迎，而且进入到宫廷、内宅。及至元、明两代，扬州屡遭兵灾，城市几成废墟，经济转向萧条。这段时期，史籍上鲜见木偶戏的活动记载，但这并不意味着木偶戏的消亡。到了清代，扬州的木偶戏空前繁荣，不仅演出频繁，其种类也更加丰富，集布袋、提线、杖头木偶和水傀儡之大全。

清乾隆年间，徽班进京前齐聚扬州，新颖的徽剧艺术博得了富商巨贾以及市民的青睐，迅速占领演出市场。这时的木偶戏在扬州市区逐渐衰微，被迫转向扬州附近的兴化、泰州、泰兴、靖江和如皋等地，在那里生根立足，后日渐繁荣昌盛。

清代中叶，杖头木偶分布区域的庄户人家每逢祭祀敬神、婚丧寿辰、岁时节庆都必演木偶戏。一时间，众多专业的和亦艺亦农的木偶戏班应运而生，争相观看木偶戏成为寻常百姓文化生活的主要形式和内容。据调查统计，泰兴于 1949 年前共有 117 个木偶戏班，几乎每个乡镇都有数个戏班。两泰地区木偶艺术的发展，是扬州杖头木偶艺术独立成枝并得到繁荣和发展的极其重要的因素。

杖头木偶戏先后吸收了昆、徽、京等诸多剧种的表演之长，经过几代艺人结合杖头木偶特点，长期打磨而形成了独特的表演技艺。杖头木偶戏演员必须练好托举木偶的“托举功”、操纵木偶的“扦子功”、掌握各种人物步伐特征的“台步功”等基本功；要把握好操纵木偶的“坐立要稳”、“方向要正”、“身体要直”、“行动要平”等表演要素。除了一般的技艺要求外，杖头木偶戏表演艺术家在各个新创节目中，还形成了很多特殊的表演技艺，如“水袖功”、“扇功”、“长绸功”、“书画功”等，这些都成为杖头木偶戏表演艺术的一大亮点。

杖头木偶戏具有浓郁的地域特征和亲和力，与人民群众的生活紧密相连。这种平民化的艺术既可以在大剧院的舞台上以华丽、壮观的阵容倾倒观众，也可以在校园、乡村中以质朴无华的演出感染观众，还可以在喜庆宴会上以“人偶同台”等特殊的形式给人们带去欢乐。

杖头木偶戏是中国戏剧表演形式中最具个性、最具魅力的艺术种类之一，是中国宝贵的戏剧文化遗产。杖头木偶戏在其发展过程中，凝聚了众多艺人丰富的想象力和创造力，形成了独具特色的艺术风格以及鲜明的民族特色和地域文化特征，具有很高的艺术价值，在丰富人民群众文化生活和开展对外文化交流方面，起着重要作用。

杖头木偶戏 2008 年被列入国家级“非物质文化遗产名录”。

淮剧

申报地区或单位：盐城市、淮安市、泰州市

淮剧又名江淮戏，流行于江苏省、上海市和安徽省部分地区。淮剧起源于清代中叶，至今已有二百余年的发展史。

清代中叶，江苏盐城阜宁、淮安一带，民间流行着一种由农民号子和田歌“儴儴腔”、“栽秧调”发展而成的说唱形式“门叹词”，形式为一人单唱或二人对唱，仅以竹板击节，后与苏北民间酬神的“香火戏”结合演出，之后，又受徽戏和京剧的影响，在唱腔、表演和剧目等方面逐渐丰富，形成了淮剧。

淮剧语言是以今江淮官话的方言为基调，并兼顾附近的淮安、盐城等地方言而戏曲化的一种舞台语言。盐城市建湖县地处淮剧艺术发祥地的中段，历史上的童子戏、香火戏艺人大多出生于此。该地的语言与周围地区相比，具有语调工稳、四声分明、五音齐全、富于韵味、发音纯正、悦耳动听等优点，为不同时期的淮剧艺人所采用。1961 年，淮剧艺术考定委员会界定淮剧语言是以建湖县方言语音为基调，同时适当吸收周围地区具有普遍意义的个别字音加以丰富而形成。

淮剧的唱腔音乐属板腔体，以“淮调”、“拉调”、“自由调”为三大主调。最初的淮剧，多为民间生活小戏，其主要唱调是在“门叹词”、“香火调”和部分民歌小曲基础上发展而成的淮调（后称老淮调）。后又在“香火调”的基础上，创作了采用二胡伴奏的一些新调，因二胡用琴弓拉奏，故名“拉调”。淮调高亢激越，诉说性强，大多用于叙事；拉调委婉细腻，线条清新，适用于抒情性的场景；自由调旋律流畅，可塑性大，具有综合性的表现性能。

淮剧按唱法还可以分为西路淮剧和东路淮剧，西路淮剧主要在淮安和扬州宝应地区，该地区是早期淮剧的发源地，表演唱法以“老淮调”为主调，表演略显生硬；东路淮剧以盐城阜宁地区为主要发源地，表演唱法以“自由调”为主调，表演灵活。从地区来分可分为南片和北片，南片主要指上海和周边地区，北片主要指盐城阜宁、两淮、扬泰等地区，南片充满着都市气息，而北片保留了淮剧的乡土气息。

淮剧在所有的江苏地方剧种中是演出区域最大、观众面最广、专业表演团体最多的剧种。淮剧是江苏最具代表性的地方剧种。

淮剧 2008 年被列入国家级“非物质文化遗产名录”。

锡剧

申报地区或单位：江苏省演艺集团锡剧团、无锡市、常州市

锡剧是江苏省主要地方剧种之一，俗称“无锡滩簧”，素有“太湖红梅”的美誉。锡剧发源于无锡羊尖、严家桥等太湖沿岸农村地区，流行于苏南、苏中、上海、浙江北部、安徽东南部，迄今已有一百多年历史，在民国时期称“新戏”，抗战时期称“文戏”，解放前后叫“常锡文戏”，20 世纪 50 年代初称为“常锡剧”，简称“锡剧”。

锡剧是一个长于抒情、具有江南水乡情趣和特色的戏曲剧种。锡剧唱腔属于曲牌板腔综合体，有男女分腔的显著特点。锡剧唱腔是与吴文化更相吻合的戏曲声腔，在接受了吴文化的滋养后，又凝聚并体现了吴文化的地域特色，典雅、柔软。具体说来可用慢、小、细、软、雅这五个字来加以概括。

锡剧的唱腔曲调基本上是上下句的板式变化体结构，常在上下句之间插入一段或长或短的清板。锡剧主要曲调为簧调，包括老簧调、反宫老旦调以及簧调慢板、中急板、开篇、长三腔、哭腔、说头板、滚板、行路快板等板式唱腔。20 世纪 30 年代，又吸收了杭州武林班的“大陆板”，苏州文书调（由苏滩和评弹衍变出来的一种说唱曲调）的“玲玲调”，苏滩和申曲的“迷魂调”与“三角板”，京剧的“高拨子”以及《春调》、《紫竹调》、《九连环》、《绣荷包》等江南民歌小调，使唱腔更加丰富多采。改革后的锡剧音乐面貌一新，曲调柔和、流畅、轻快，具有“江南丝竹”特色。

锡剧生长根植在农村，和农民有着密切的关系，具有朴实的感情、生动的语言、浓厚的乡土色彩，既是地方戏曲之花，也是通俗化的农民戏曲、农民文艺。

锡剧 2008 年被列入国家级“非物质文化遗产名录”。

淮海戏

申报地区或单位：淮安市、连云港市

淮海戏是流行于江苏北部的连云港市、宿迁市及淮安市、盐城市北部城乡的戏曲剧种。淮海戏源于海州、灌云、沭阳一带流行的“拉魂腔”，因以板三弦伴奏，又称“三刮调”。早期是沿门说唱民间故事的“门头词”，清道光十年(1830)后，艺人自由结班发展成为打地摊演出的小戏。淮海戏以沭阳方言为标准音，结合、兼顾附近的泗阳、海州乡音。

淮海戏的名称在发展中几经变更，在沿门说唱“打门头词”时期称“三副调”；后称“拉魂腔”，也叫“肘鼓子”；形成戏曲后又称“小戏”，抗日战争时期称“淮海小戏”；1954 年淮海戏参加华东地区戏曲会演，由江苏省文化局定名为“淮海戏”。

淮海戏的唱腔大体为男女同弦异腔，男女主要曲调分别是“东方调”和“好风光调”。这种曲调可塑性大、风格性强，有各自的功能。组腔时，“好风光”调唱法变化多样，可构成大小唱段。“东方调”中间数唱自由，可变换多种感情，形成长短不一的完整唱段，其他辅助调有“二泛子”、“彩调”、“金风调”等等。它们各有个性，格调鲜明，表现叙述、抒情、悲愤、欢乐等感情和情绪时各有所长。

淮海戏长期扎根于人民群众中，淮海戏的剧目生产和剧目创作非常便捷，它不受成规老套和清规戒律的约束，创作上演反映农村和现实生活题材的现代戏，为现实生活服务，不但能适应舞台演出，也能在街头、乡村“摆地摊”。它的音乐唱腔非常丰富，有浓郁的地方特色，群众喜闻乐见，城乡民众在行路、干活、休憩时都要哼唱淮海戏，这已成为本地群众文化生活中不可缺少的内容。它的表演艺术有极其浓郁的乡土气息和丰富的民间色彩，具有独特的艺术价值。

淮海戏 2008 年被列入国家级“非物质文化遗产名录”。

童子戏

申报地区或单位：南通市通州区

童子戏属傩戏的一支，起源甚早，原系巫师（当地称童子）举行巫觋活动时的表演说唱，流传于江苏省南通市、连云港市等地区。

南通的童子戏流行于通州区中西部及周边县市的部分地区。据明嘉靖《通州志》记载，通州约在一千五百年前开始成陆，至公元958年始有建制。成陆之初，由于四面环水，荒凉贫瘠，交通闭塞，成为当时朝廷流放犯人的地方。巫觋活动即随着犯人的流入而被带进通州。通州民间的巫觋活动俗称“童子上圣”，至明代中后期已十分活跃，逐渐形成了规模宏大的“童子会”。明末清初，童子会已遍及城乡。清乾隆年间，更有女童子艺人异军突起，又先后吸收了徽剧与花鼓戏的表演艺术，其演出由“娱神”向“娱人”发展，逐渐成为一种成熟的民间戏剧形式。1957年改称为通剧，第一个通剧剧团也于当年正式成立。

早期的“童子上圣”技艺主要可以概括为“表”和“圣”两部分，“表”即上表请神，“圣”即天神附身于童子。最简单的只有一个童子演唱，最复杂者为“九表十三圣”，参演童子数十人，可连演三天三夜。童子会则规模更大。文童子坐唱，武童子以武功绝技为胜，融杂技、气功为一体，惊险刺激。“童子上圣”进化为民间戏剧形式后，有了整本的剧目。传统剧目有《李兆庭》、《陈英卖水》、《秦香莲》、《唐僧取经》、《郑三郎》等，亦有从兄弟剧种借鉴的剧目。

南通童子戏主要曲调有“铃板腔”、“点鼓腔”、“圣腔”、“书腔”、“喜腔”、“悲腔”、“十字平腔”等，乐器伴奏为打击乐。南通童子戏因全部使用南通的方言俚语，且配乐均为打击乐，声腔怪戾突异、高亢悲怆，具有强烈的视听冲击力。同时其内容多与降妖捉鬼、神仙灵异有关，因而具有很大的吸引力。南通童子戏浓郁的地方特色和乡土气息，与神奇怪异的风格相结合，形成了自己独有的艺术特色。

南通童子戏是目前我国傩文化中遗存不多的一个分支，已有上千年历史，程式虽略显粗糙，却较好地保留了中国傩文化的原生态风貌，是研究傩、傩舞、傩戏的重要实证资料，其学术研究价值较高，被中外专家誉为“戏剧活化石”。

南通童子戏 2008 年被列入国家级“非物质文化遗产名录”。

徐州梆子

申报地区或单位：徐州市

徐州梆子，又称“大戏”，流行于江苏北部徐州一带，因其曲调的节奏由一副鼓板和枣木梆子击节而定，故称徐州梆子。

梆子戏是从山西、陕西经河南、山东传入徐州地区的，距今已有三四百年的历史。据《徐州府志》等文献记载，早在明朝后期，山陕梆子就随大批山西、陕西艺人来徐州而传入徐州一带。后山陕梆子长期受徐州地区民间音乐、说唱艺术和方言习俗的影响，逐步衍化成梆子声腔体系中自具特色的重要分支——徐州梆子。

徐州梆子的声腔属板腔体，常用的板式以“慢板”、“流水”、“二八”、“非板”四大板为主，由此派生出“跺子”、“栽板”、“迎风”等板式，常以板式的变化表达一定的情感和内容。徐州梆子的行当大致分为红脸、黑脸、旦、小生、丑、老外等。其声腔粗犷有力，特别是黑、红脸唱腔激越高亢、慷慨悲壮，真假声结合，具有激昂、淳厚、高亢、刚烈的艺术特色。伴奏用的曲牌有两百余首，特别是唢呐牌子最具特色。

徐州梆子的唱腔在保留陕晋之风的基础上，既具备北方之雄浑、高亢，亦不乏南方之婉约、秀丽，体现了徐州方言介于中州语系与吴越语系之间的独特风格。其表演技巧也别具一格，在传统的表演上还吸收了武术、杂技和魔术的因素，常以精、险、奇制胜，如“爬竿”、“滚棚”、“吊辫”、“风摆荷叶”、“高台颠米”等；多采用“文戏武唱”，用大段唱腔来塑造人物，把剧情推向高潮。

徐州梆子戏剧目以描写重大历史事件，反映政治、军事斗争，表现英雄人物业绩的正剧、悲剧最为突出，传统剧目约六百余出，新编历史剧和现代戏也在两百出以上，题材更加丰富，内容反映社会各个层面。徐州梆子与当地的历史文化、社会生活、民风习俗关系紧密，深受群众喜爱，民间有云“放下锄，喝过汤，哼唱几句梆子腔”，由此可见徐州梆子是当地群众文化生活的重要组成部分，在丰富群众文化生活方面起着重要作用。

徐州梆子 2008 年被列入国家级“非物质文化遗产名录”。

京剧

申报地区或单位：江苏省演艺集团、淮安市

京剧是清乾隆后期徽班进京后逐渐形成的剧种。道光以后，部分随徽班进京的江苏籍艺人陆续南归，随里下河徽班演出，带来了尚在孕育期的京剧艺术的影响。1859 年，无锡余治撰写皮簧剧本《后劝农》、《英雄谱》等，并亲自教授童伶排练后，率班试演于常熟、江阴等地，遂为江苏最早的京剧班。1872 年，连云港市赣榆县王德胜创办皮簧科班庆盛班，是江苏最早的京剧科班。

同治至宣统年间，京剧在江苏境内逐渐流行。在苏北，里下河地区出现京、徽争胜的局面；淮海地区，赣榆庆盛班几十人出科后即组班演出；淮安涟水县五港镇有一个半职业京剧班，起初坐唱，宣统元年(1909)开始化装演出，活动于盐河中上游。在苏南，苏州、无锡、常州、镇江、南京一线，京剧已盛行。

辛亥革命至抗日战争前夕，江苏京剧的发展势头迅猛。里下河地区，徽班改唱京剧的日益增多，连同京剧班，至 30 年代初，总计已不下百副。因常年在乡间草台或庙台演出，因而被群众称为“草台班”。其中一些徽班出身的艺人身怀绝技，享有盛誉。徐州，在民国十四至十五年间(1925～1926)，市内即有中正、云龙、升平三大戏院专演京剧。淮海地区，民国七至九年(1918～1920)，赣榆县又有商人创办了德义、长胜、同庆三个京剧科班，此后，沭阳县、连云港市东海县、徐州市睢宁县也都陆续办了京剧科班，出科的演员长年在淮海及鲁南一带演出。

江苏地处南北之会，经济昌盛，水陆交通发达，南北各地的京剧名角，如谭鑫培、言菊朋、程砚秋、荀慧生、尚小云、麒麟童（周信芳）、马连良、盖叫天等都曾来此献艺。

江苏的京剧 2011 年被列入国家级“非物质文化遗产名录”。

滑稽戏

申报地区或单位：苏州市

滑稽戏是中国地方戏种，起源于苏州，是由上海的曲艺“独角戏”融中外喜剧、闹剧和江南各地方戏曲之精华而逐步形成的新兴戏曲剧种，流行于上海、江苏、浙江的许多地区，深受群众欢迎。滑稽戏以上海话为基础，大量模仿吴语太湖片方言，偶尔也有对北方话、粤语等其他方言的模仿。表演形式上类似于北方的相声和小品。

滑稽戏的音乐沿用独角戏的“九腔十八调”。滑稽戏的表演，是以独脚戏、相声等曲艺表演为基础，又吸收了文明戏的表演成分。滑稽戏演员在说、唱和形体动作等方面的特点尤其突出。优秀的滑稽戏演员常用民间曲调或流行歌曲，不但要会多种戏曲唱腔，而且还要学会各种流派唱腔。滑稽戏演员尤其要口齿伶俐、反应敏捷，能讲一口漂亮的各地方言，如上海话、宁波话、绍兴话、杭州话、苏州话、无锡话、南京话、扬州话、山东话、四川话、广东话等，而且往往以会讲混杂的方言为妙，如广东上海话、北京四川话等。滑稽戏演员有时还根据戏剧的需要讲说英语、日语等外国语言。滑稽戏的形体动作极尽夸张，有时甚至达到荒谬的程度。

苏州滑稽戏 2011 年被列入国家级“非物质文化遗产名录”。

泗州戏

申报地区或单位：宿迁市泗洪县

泗州戏是安徽四大剧种之一，原名“拉魂腔”，流行于安徽淮河两岸，距今已有两百多年的历史。泗州戏与山东的柳琴戏、江苏的淮海戏同由“拉魂腔”发展而来，彼此之间存在着血缘关系。泗州戏与徽剧、黄梅戏、庐剧并称为安徽四大优秀剧种，具有深厚的群众基础和丰富的文化底蕴，以优美的唱腔、动听的旋律，唱响淮河两岸、大江南北。

泗州戏起源于宿迁市泗洪县上塘镇。清乾隆年间，古泗州（今泗洪县）流传的含有“古泗州调”的民间小曲经民间艺人记录、整理，逐步形成了“拉魂腔”的固定唱腔。泗州戏是由民间说唱发展起来的比较典型的板腔体唱腔剧种。其唱腔南北方风格交融，婉约与豪放并蓄，尤其是女声唱腔，婉转抒情、优美动人，被群众称誉为“有拉魂的魅力”。泗州戏的艺术表演以“压花场”为基础，分“单压”和“双压”两种，具有明快爽朗、粗犷有力的鲜明特色。梅兰芳先生看后称“压花场”为泗州戏的艺术结晶，值得学习。郭沫若把泗州戏誉为“淮北人民的一朵鲜花”。

泗州戏在泗洪县境内演唱较为普遍，建国前，仅家庭戏班就有38个。20世纪50年代初，泗州戏首次赴京演出，受到中央领导高度评价。为纪念1860年沉于洪泽湖的古泗州城，加之演唱“拉魂腔”的艺人大多是泗州人，且唱腔中又含有“泗州调”，因此，1952年将其定名为“泗州戏”。1953年，经泗洪县人民政府批准，成立泗洪县泗州戏剧团，并延续至今。

泗州戏2011年被列入国家级“非物质文化遗产名录”。

苏州评弹

申报地区或单位：苏州市、江苏省演艺集团

苏州评弹是苏州评话和弹词的总称，它产生并流行于苏州及浙、沪一带，用苏州方言演唱。评弹的历史悠久，清乾隆时期已颇流行。最著名的艺人是王周士。嘉庆、道光年间有陈遇乾、毛菖佩、俞秀山、陆瑞廷四大名家。咸丰、同治年间又有马如飞、赵湘舟、王石泉等，之后名家流派纷呈，使苏州评弹艺术历经两百余年而不衰。

评话通常一人开讲，内容多为金戈铁马的历史演义和叱咤风云的侠义豪杰。弹词一般两人说唱，上手持三弦，下手抱琵琶，自弹自唱，内容多为儿女情长的传奇小说和民间故事。评话和弹词均以说唱细腻见长，吴侬软语娓娓动听，演出中常穿插一些笑料，妙趣横生。弹词用吴音演唱，抑扬顿挫，轻清柔缓，弦琶琮铮，十分悦耳。

苏州评弹有说有唱，大体可分三种演出方式，即一人的单档，两人的双档，三人的三档。唱腔音乐为板式变化体，主要曲调为能演唱不同风格内容的"书调"，同时也吸收许多曲牌及民歌小调，如"费伽调"、"乱鸡啼"等。"书调"是各种流派唱腔发展的基础，它通过不同艺人的演唱，形成了丰富多彩的流派唱腔。苏州评弹大致可分三大流派，即“陈（遇乾）调”、“马（如飞）调”、“俞（秀山）调”。经百余年的发展，历代评弹艺人在继承的基础上不断推陈出新，发展繁衍，形成了苏州评弹流派唱腔千姿百态的兴旺景象。

近几十年来，评弹从内容到形式不断发展，传统书目得到整理提高，反映现实生活的新编书目陆续涌现，中篇和短篇等新的演出形式日臻完善。

苏州评弹 2006 年被列入国家级“非物质文化遗产名录”。

扬州评话

申报地区或单位：扬州市、江苏省演艺集团

扬州评话也叫“维扬评话”或“评词”、“扬州评词”，是以扬州方言说表的古老曲种，流行于江苏北部和南京、镇江、上海等地。

扬州评话始于明末，兴于清初，盛于清代，直至现今。明末清初大评话家柳敬亭的艺术成就标志着扬州评话的成熟，他所说的《隋唐》、《水浒》、《三国》等书词是扬州评话的传统书目。扬州评话也是全国曲艺的主要曲种之一。《话本小说概论》一书有一段评述：“继承宋元讲史的评话，在清代特别发达，最初的中心在扬州，其后全国有以方言敷说的评话，而扬州仍是主要的中心。”这段话如实地反映出扬州评话在全国的地位和影响。

扬州评话在艺术上以描写细致、结构严谨、首尾呼应、头绪纷繁却井然有序见长。讲求细节丰富，人物形象鲜明，语言生动风趣。艺人在创造与丰富书词时，着意渲染扬州本地的风光，刻画一些市井小人物的形象，增添了浓郁的地方色彩。说者多为一人，说中夹评，只说不唱，以扇子、手帕为道具，以醒木击桌加强气氛。表演时注意运用口技制造气氛，绘声绘色，手、眼、身、步、神与口头说表紧密配合，使听众如见其人、如闻其声、如临其境。扬州评话的传统书目可分三类，讲史类有《东汉》、《三国》、《隋唐》、《水浒》、《岳传》等；公案侠义类有《绿牡丹》、《八窍珠》、《九莲灯》、《清风闸》等；神话灵怪类有《封神榜》、《西游记》、《济公传》等。

扬州评话艺人以节目授受传承艺术。许多传统书目代有传人，且流派纷呈。有些节目在流传中内容日趋丰富，情节相同而细节各异，显示出艺人不同的艺术偏好与说演取舍，更体现着艺人认识历史、体验生活深浅程度的不同。古事今说的审美旨趣，使得扬州评话并未由于节目的传统而失却时代的光彩。

扬州评话2006年被列入国家级“非物质文化遗产名录”。

扬州清曲

申报地区或单位：扬州市

扬州清曲又称“广陵清曲”、“扬州小曲”、“扬州小唱”。扬州清曲南北交融，雅俗共赏，是具有鲜明地方特色的江苏代表性民间曲种之一。

扬州清曲始于元，成于明，盛于清，至今六百多年历史。扬州清曲是在元代散曲的基础上，吸收江淮一带风行的各种俗曲民歌，加以改造和利用，于明代中叶形成的一种具有地方气息的曲种。扬州清曲至清康熙、乾隆年间达到全盛阶段，无论在音乐曲牌、乐器伴奏方面，还是在曲目唱本方面，都异常丰富，并以其腔调的细腻、缠绵和抒情著称。

扬州清曲的音乐属曲牌体，曲牌丰富，曲词优美，共有传统曲目493种，曲牌166种。伴奏以丝弦为主，特色伴奏又有敲瓦碟、碰酒杯等。一般以坐唱形式演出，分为“阔口”与“窄口”，人数从一二人至八九人不等。传统的清曲不化装、无说白、无表演，只靠音乐和歌唱来刻画人物形象、表达思想感情，所以在吐字发音、运气行腔方面很讲究。

扬州清曲历来多以自娱为主，曾出现过许多清唱家和演奏家。扬州清曲艺术底蕴丰厚，对国内许多戏曲和曲艺的形成与发展，特别是对扬州地方戏剧扬剧音乐的形成有过重要影响。成熟的扬州清曲还对诸如广东南音、昆高笛曲、恩施扬琴、常德丝弦、九江清音、徐州琴书等曲种都产生过不同的影响。脍炙人口的《好一朵茉莉花》的音乐源头即来自扬州清曲中的曲牌“鲜花调”。

扬州清曲是我国历史最为悠久的曲艺品种之一。许多元明以来的古代民间俗曲，特别是一些俗曲的原词在扬州清曲中得到了很好的保存，这不仅有利于我们对古代民间乐曲、民间歌词的认识和研究，而且对当时的城市社会状况、城市市民生活也具有极为难得的认识和研究价值。

扬州清曲2006年被列入国家级“非物质文化遗产名录”。

扬州弹词

申报地区或单位：扬州市

扬州弹词，原名“弦词”，约始于明末清初，流行于扬州、镇江、南京及苏北里下河地区，是以扬州方言为基础的弹词系统曲种。

扬州弹词和扬州评话属于姊妹艺术，弹词形成较晚，表演以说表为主，弹唱为辅。其表演与评话大致相同，所不同的是扬州弹词更加讲究字正腔圆的语调韵味。演示动作幅度更小，连手的动作都很少做，重在面部表情，其说表多用扬州方言，起角色时也用外地“码头话”，以区别和刻画人物。

扬州弹词经常上演的传统书目有《玉蜻蜓》、《珍珠塔》、《双金锭》、《落金扇》、《刁刘氏》、《双珠凤》、《双剪发》、《白蛇传》等。《黄金印》、《金瓶梅》、《二度梅》、《倭袍记》、《大红袍》、《天宝图》、《麒麟豹》等，均已失传。传统书目大多讲述才子佳人的悲欢离合、家庭和社会生活故事，扬善惩恶，褒忠贬奸，又称“小书”。每部可演十五至二十场，只有《玉蜻蜓》、《双剪发》书词较长，分别可演六十多场。书目大多据说唱（弹词）印本改编，内容比印本丰富，也颇有与印本不同之处。

扬州弹词唱词安排在书词当中。常用曲牌有“三七梨花”、“琐南枝”、“沉水”、“海曲”、“道情”等，以羽调和商调居多。曲调朴实典雅，古色古香，多年来少有变化。唱词有代言体和叙事体，一般为三字句或七字句，可适当增减字，多为偶句押韵。伴奏上下手协调默契，三弦弹骨架音，疏放雅朴，琵琶则润密多变，跌宕绮丽，谓之“三弦骨头琵琶肉”。

扬州弹词 2008 年被列入国家级“非物质文化遗产名录”。

徐州琴书

申报地区或单位：徐州市

徐州琴书原名“丝弦小曲”，简称“丝弦”，是一种由坠琴或其他弦乐器伴奏，演唱者敲洋琴、打云板的民间曲艺，群众习惯称“打洋琴”或“唱洋琴”，流行于徐州及鲁南、豫东、皖北地区。徐州琴书与苏州评弹、扬州评话并称为“江苏三书”。

徐州琴书源远流长，清康熙三十五年(1696)成书的《百戏竹枝词》里即有“徐沛《叠断桥》”的记载。先后又有《丝弦小曲》、《时尚南北雅调万花小曲》、《百雪遗府》、《雪里梅花》等单刊本问世，曾在全国各地演唱。民国年间，琴书与其他曲艺多在徐州奎东巷、张公祠、校场、菜市场等处演出，遇有庙会节庆，摆地摊唱琴书者比比皆是，深受徐州人民欢迎，曾有“街头巷尾有琴声，大人小孩都哼哼”的极盛场面，且影响到以徐州为中心的苏、鲁、豫、皖四省交界的广大地区。

徐州琴书是在明清小曲的基础上，由“小曲儿”、“小吹儿”、“唱曲儿”、“唱孩子”等一步步演变而成的乐曲系、联曲体的曲艺种类，演唱韵味独特。徐州琴书在形成过程中音乐性减弱，故事性增强，音乐曲牌由多变少，文学体制由短变长，演出组织由大变小，并加强手、眼、身、法等艺术手段的运用。

徐州琴书表演形式多样，有单人唱、对唱、三人坐唱和多人联唱等。唱腔也很丰富，除“四句腔”、“剁子板”等板式外，还有“叠断桥”、“满江红”、“上河下河调”、“呀儿呦”、“银纽丝”等数十个曲牌。

演员演唱时,可以根据唱词的内容及语句格式不同而自由运用。艺人坐中间打板击琴,伴奏者列左右,以扬琴、坠子、手板为主,配有三弦、软弓胡琴、古筝、瓷碟等。

徐州琴书因所使用方言的不同而分为上路琴书和下路琴书。历史上有上下路之别,上路即“上四县”(丰、沛、萧、砀山),下路即“下四县”(邳、睢宁、铜山、宿迁)。上下路在语言方面存在着明显的差异,积淀日久后,琴书亦音随地改,逐渐显示出上下路不同的艺术流派风格。上路琴书顶板唱法较多,字重板实,朴素端庄,板眼规整,破格小节极为罕见;下路琴书以闪板唱法为主,板后吐词格外显得词清曲秀,华彩流畅。

徐州琴书 2008 年被列入国家级“非物质文化遗产名录”。

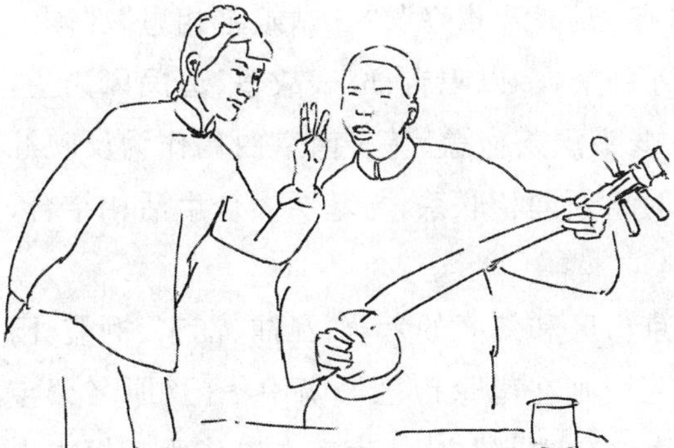

南京白局

申报地区或单位：南京市秦淮区

南京白局是南京地区最具代表性的曲艺品种，由明清时期南京云锦的织锦艺人在劳作之余的自娱性演唱发展而成，因系工余演唱，不取报酬，为“白唱”，又因唱一场为“摆一局”，故名“白局”。

南京白局与云锦生产有着密切关系。清代是南京织锦业的鼎盛时期，在庞大的织锦群体中，出现了许多爱唱小曲者，云锦工人称之为“家生玩友”。“家生”即指本家子弟，“玩友”是指爱好相同、一起玩耍的朋友。正是这些家生玩友们在闲玩的过程中，逐渐地把单纯的小曲演唱发展成了有说有表、有人物、有故事的“曲牌联体”的说唱艺术，完成了向曲艺形式的过渡。南京白局在清光绪年间达到鼎盛，清王朝覆灭后，南京云锦业一落千丈，白局艺术也随之一蹶不振。

南京白局表演形式特殊：一张八仙桌（人多则两三张相拼），桌上放花瓶一对，插时令鲜花，中置香炉燃香，少则一人，多则三五人，操二胡、琵琶、月琴等乐器，并以牙箸击打瓷碟伴奏。说方言，唱俚曲，有坐唱、说唱、彩唱等。演唱有“文口”和“武口”之分，前者真假声结合，常用于旦角；后者真声，用于生、丑等角色。白局多以坐唱为主，不受场地限制，室内、室外、田间、地头都可摆局演唱。南京白局曲词生动风趣、通俗易懂，曲调丰富，素有“百曲”之誉。

南京白局曲调分“曲牌”和“俗曲”两大类。现存曲牌有“梳妆台”、“杂八楞”、“剪剪花”等 20 种，俗曲有“五更鼓儿咚”、“二姑娘害相思”、“闻鲜花”（即“鲜花调”）等 22 种。传统曲目近百个，多以唱吉祥、表故事、道民风为主，代表性曲目有《打议员》、《机房苦》、《王老头配茶壶盖》等。南京白局作为反映社会生活的民间说唱艺术，其内容往往与时事新闻相联系，与基层大众生活相结合，因而其地域性、民俗性、大众性尤其突出。

南京白局扎根南京本土，流行于南京市区和郊区的六合、江浦、江宁、栖霞、雨花台以及安徽的来安、天长等地，核心区域则在南京市区城南中华门（原名聚宝门）的门东、门西一带。南京是中国“四大文化古都”之一，南京白局作为扎根本土的唯一坐唱曲艺形式，是金陵文化的重要组成部分。南京白局采用南京方言演唱，传统曲目中保留了大量的方言俚语、风俗民情、地方故事，对研究南京地区的历史文化、人文景观以及民风民俗等具有十分重要的参考价值。

南京白局 2008 年被列入国家级“非物质文化遗产名录”。

小热昏

申报地区或单位：常州市

“小热昏”是广泛流行于江浙沪一带的曲艺谐谑形式，又名“锣书”，俗称“卖梨膏糖的”，是一种马路说唱艺术。

“热昏”是吴方言中的一个普通词汇，《中国戏曲曲艺词曲》中谓：“热昏”本义是贬义词，但有时也把故作胡言乱语的笑谈和匪夷所思的笑话称为热昏，不是贬义。“小热昏”始于清光绪年间，盛行于20世纪二三十年代，原是一种唱新闻、宣传商品广告的说唱，很多艺人自己熬制梨膏糖，用这种说唱形式来推销。清末民初，杜宝林等民间艺人据其唱调采用隐晦曲折的手法，以“说朝报”的形式，说唱时事新闻和笑话故事，内容多讽喻当时社会黑暗现象，为避免遭麻烦，取艺名为“小热昏”。后即以“小热昏”为曲种名。

常州“小热昏”的演唱没有固定的演出场所，一般都在闹市街头演唱，形式简单，一副三角架、一张长凳即代表舞台，一人或二人说唱，以小锣或三巧板伴奏。演唱前选择一块空地，用白粉洒划一个表演圈，打竹板、敲锣鼓，招徕观众，等人群聚集，便开始演唱，先讲笑话、说新闻，最后唱长篇。唱的多是地方戏曲和小调，常用曲调有“锣先锋”、“三巧赋”、“东乡调”以及“五更”、“四季”、“十叹”等流行小调，中间插科打诨讲一段笑话，或替商家做广告。

“小热昏”由于言语发噱，唱句通俗，且演唱内容大多取材于社会，最能反映劳苦大众的疾苦，艺人为百姓代言，泄露胸中之闷，以讽刺的手法揭露社会的阴暗面，所以深受大众喜欢。

“小热昏”2011年被列入国家级“非物质文化遗产名录”。

建湖杂技

申报地区或单位：盐城市建湖县

建湖杂技是指产生和流传于盐城市建湖县境内的杂技艺术。建湖杂技艺术源远流长，以其独特的民族风格和精湛的艺术技巧饮誉中外，与河北吴桥、山东聊城齐名，是中国杂技艺术三个发祥地之一。

历史上，建湖县庆丰镇所属的十八个村庄统称“十八团”。早在汉唐时期，“十八团”艺人的角抵、冲狭、跳丸、寻橦、走索以及吞刀、吐火等技艺，就常在京城乐棚表演，有时还为宫廷演出，声誉颇佳。著名的江苏省杂技团、盐城市杂技团均源于“建湖十八团”。

建湖杂技以技巧型、柔韧型节目为主。这类节目最适合在舞台上演出，其内容也源于江淮人民的生活，只是经过了一番艺术的加工与提炼。如走索、串芦席、抛球、蹬技、手技、钻桶、耍花坛等，无一不是从生产、生活中提炼而来。

建湖杂技表演讲究细腻柔美，力求把高、准、险的杂技动作融入轻松快捷的表演之中，让观众从演员的表演中体味生活的情趣。例如“转碟”，原是简单的转盘子表演，经过不断创新，加进了转身、下腰、踢腿等优美的肢体语言和叠罗汉的惊险造型，便成了十分叫好的节目。又如“空中飞人”和“走钢丝”，动作惊险高难，动人心魄，现在在高空动作中增加了敦煌飞天的优美造型，使人耳目一新，于紧张的同时又观赏到了南派杂技的柔和之美。

建湖杂技在继承传统的同时不断推陈出新。杂技艺术发展到今天，原生态的硬功、气功和各种肢体技巧已经远远不能满足广大观众的观赏需求。盐城市杂技团在向广州、上海、武汉等兄弟团体学习，并不断创新节目的过程中，十分重视服装、道具的设计与运用，注意把音、舞、光、技巧妙结合起来，以提高杂技节目的艺术性、观赏性。

建湖杂技 2008 年被列入国家级“非物质文化遗产名录”。

苏州桃花坞木版年画

申报地区或单位：苏州市

苏州桃花坞木版年画因曾集中在苏州城内桃花坞一带生产而得名，它源于宋代的雕版印刷工艺，明代已形成自己的风格，清雍正、乾隆时期达到鼎盛，称为“姑苏版”，与当时的天津杨柳青同成为全国木版年画的南北中心，是中国江南主要的民间木版年画。桃花坞木版年画与河南朱仙镇、天津杨柳青、山东潍坊、四川绵竹的木刻年画并称我国五大民间木刻年画。

明清时期，随着苏州城市经济的发展，阊门一带集中了许多工艺作坊，以年画铺为最多。在此出品的民间木版年画更使桃花坞闻名天下。桃花坞木刻品种很多，大致可分为门画、农事画、儿童画、美女画、装饰图案画、历史故事画和神州传说画等，其中神仙佛像等迷信类画片内容有门神、灶神以及所谓的“辟邪人物”。桃花坞木版年画以其丰富的题材、儒雅的画面和清秀的色彩而受到世人的欢迎，鼎盛时期，每年出产的桃花坞木版年画达百万张以上。

桃花坞木版年画以门画、中堂、条屏为主要形式，其画、刻、印分为三大谱系，在长期的创作、生产实践中，身怀绝技的老艺人各自摸索出了独特的经验，形成了一整套特殊的工艺制作程序。桃花坞木版年画制作一般分为画稿、刻版、印刷、装裱和开相五道工序，其中刻版工序又分上样、刻版、敲底和修改四部分，其主要工具为拳刀，同时以弯凿(剔空)、扁凿、韭菜边、针凿、修根凿、扦凿、水钵、铁尺、小棕帚等工具配合使用。套色印刷亦有一套程序,主要包括看版、冲色配胶、选纸上料(夹纸)、摸版、扦纸、印刷、夹水等步骤。

桃花坞年画是江南水乡的特产,其图文并解,具有连环画故事风格。采用木版套印,长期以来一直运用比较简单的手工方式从事生产,色彩上用红、黄、绿、黑、蓝五种颜色。在无数雕版和印刷工人的精心制作下,苏州桃花坞年画不仅色彩绚丽夺目,而且构图精巧、形象突出、主次分明,富于装饰性,形成一种优美清秀、严密工整的民族艺术的独特风格。

桃花坞木版年画以木版雕刻,用一版一色传统水印法印刷。构图丰满,色彩明快,富有装饰性;多以民间故事、神鬼故事、戏文、时事为题材,以象征、寓意、夸张手法,表达人们美好的愿望,曾广泛流传于江南一带和中国许多地方,而且远渡重洋流传到日本、英国和西德,特别是对日本的浮世绘产生了重要影响,被海外媒体誉为"东方古艺之花"。

苏州桃花坞木版年画 2006 年被列入国家级"非物质文化遗产名录"。

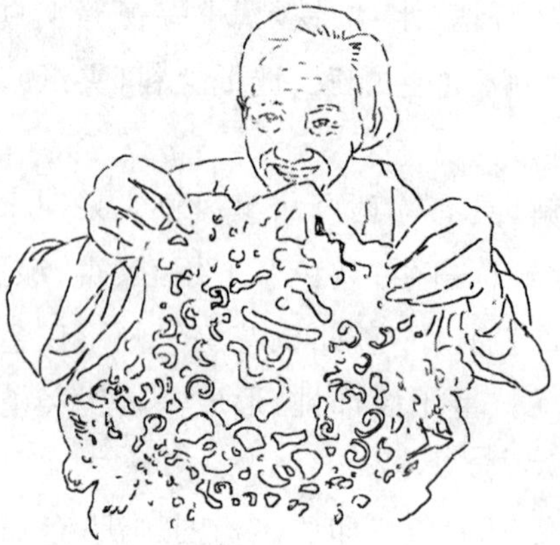

剪纸

剪纸，又叫刻纸，历来供作刺绣花样与节年喜庆时居室内外装饰之用。其用剪刀将纸剪成各种各样的图案，如窗花、门笺、墙花、顶棚花、灯花等，是中国汉族最古老的民间艺术之一，它的历史可追溯到公元 6 世纪。

剪纸在中国农村是历史悠久、流传很广的一种民间艺术形式。剪纸的内容丰富，寓意深刻。这种民俗艺术的产生和流传与中国农村的节日风俗有着密切关系，逢年过节抑或新婚喜庆，人们把美丽鲜艳的剪纸贴在雪白的窗纸或明亮的玻璃窗上、墙上、门上、灯笼上，节日的气氛便被渲染得非常浓郁喜庆。

剪纸在创作时，有时用剪子，有时用刻刀，虽然工具有别，但创作出来的艺术效果基本相同，其载体可以是纸张、金银箔、树皮、树叶、布、皮、革等片状材料。作为民间艺术的剪纸，不同地区的剪纸具有不同的地域特点：陕西窗花风格粗朴豪放，河北和山西剪纸秀美艳丽，宜兴剪纸华丽工整，南通剪纸秀丽玲珑。剪纸是一种镂空艺术，其在视觉上给人以透空的感觉。剪纸制作简便、造型单纯，能够充分反映百姓的生活内涵，具有浓郁的民俗特色，是中国农村众多民间美术形式的浓缩与夸张。从对剪纸的了解中，可以便捷地了解中国民间美术的其他方面。

扬州剪纸（申报地区或单位：扬州市）

扬州是中国剪纸流行最早的地区之一，唐宋时期就有“剪纸报春”的习俗。扬州人在立春之日剪纸为花，做成春蝶、春线、春胜等样式，“或悬于佳人之首，或缀于花下”，观以为乐。另外还剪制纸钱、纸马等，专门用于祭奠。至清代，扬州商业兴盛，剪纸艺人亦数量大增，嘉庆、道光年间的著名剪纸艺人包钧，技艺超群，有“神剪”之誉。扬州的剪纸艺人还根据需要创作绣品底样，大至门帘帐沿、被服枕套，小至镜服香囊、绢帕笔袋，有绣花必有纸样。扬州人称剪纸样的艺人为“剪花样的”。

扬州剪纸题材广泛，有人物花卉、鸟兽虫鱼、奇山异景、名胜古迹等，尤以四时花卉见长，其特点是以画为稿，构图简练，线条圆滑，显得清秀而挺拔，给人以厚实完整之感，具有优美、清秀、细致、玲珑的艺术风格。

扬州剪纸线条清秀流畅，构图精巧雅致，形象夸张简洁，技法变中求新，形成了特有的“剪味纸感”，为中国南方民间剪纸艺术的代表之一，其用纸以安徽手抄宣为主，厚薄适中，无色染，质地平整。

扬州剪纸 2006 年被列入国家级“非物质文化遗产名录”。

南京剪纸（申报地区或单位：南京市）

南京剪纸融北方剪纸的粗放和南方剪纸的细腻为一体，艺术形式非常优美。在浓浓的乡土气息中，透露出强烈的装饰艺术效果，形成了独有的南京地域风格，具有突出的个性特征和很高的美学价值。

南京剪纸在构图上多运用“花中有花，题中有题，粗中有细，拙中见灵”的艺术处理技巧，加以恰当的夸张与变化，富有较强的艺术性与装饰性。题材上则多用吉祥语句的谐音形成图案，令人产生幸福美好的联想。

南京剪纸造型以弧线为主，流畅优美，柔中见刚，具有韵律感、节奏感和浓厚的装饰趣味。剪纸艺人技艺娴熟，方法独特，他们不用底稿，以剪代笔，运剪又运纸，手随心运，一气呵成，具有很高的表演及观赏价值。他们创造了全国独一无二的“斗香花”刻纸。一种花纹，一次刻成，却可以斗拼而呈现出七种不同色彩的艺术效果，丰富了我国民间剪纸艺术。南京剪纸行业产生了中国近现代剪纸史上两位杰出的艺术家。一位是张吉根，人称“神剪张”，他身怀绝技又善于创新，虽文化不高却总结出系列的剪纸创作理论，并曾在原中央工艺美术学院等多所高校讲授剪纸艺术理论，被吴山教授等誉为“中国剪纸的奇才”。另一位胡家芝老人，一百多岁高龄仍能操剪创作，被誉为剪纸界的“金母泰斗”，是最高寿的剪纸艺人。

南京剪纸艺术有着深厚的文化底蕴，开创了民间剪纸与文人文化相结合的典范。南京的高等艺术院校和文化艺术界的老一辈专家学者，如陈之佛、吴山、张道一、何燕明、田原等，都参与或指导了南京剪纸的艺术创作。吴山等美术界人士还与张吉根等艺人合作，共同创作出版了南京剪纸《百花齐放剪纸图集》，由此大大提高了南京剪纸的艺术水平，开创了文人与民间剪纸艺人合作的先河。郭沫若先生曾为此书题写书名并赋诗，对南京剪纸给予了极高的评价。

南京剪纸 2008 年被列入国家级“非物质文化遗产名录”。

徐州剪纸（申报地区或单位：徐州市）

徐州剪纸的艺术价值和人文价值很高。徐州剪纸在继承传统的基础上更加关注现实生活，剪纸的内容更多地反映新时代精神风貌，内容广泛，如反映收割、养殖、运输、建筑等生活场景，此外也有历史故事、民间传说、戏剧人物等。

徐州剪纸艺人善于运用独特的艺术语言，对黑白关系进行大胆处理，作品中有时会出现大面积的空白，有时在大面积的色块中不着一剪，有时又出其不意地在大面积的色块中镂出一些灵性的物像，使剪纸工艺简洁明快，画面朴实，保持了原生艺术的纯正品格。

徐州剪纸 2008 年被列入国家级“非物质文化遗产名录”。

金坛刻纸（申报地区或单位：金坛市）

金坛刻纸源于民间剪纸。

明清时期，金坛开有数家灯笼店，因其产品装饰纹样多为镂空图案裱贴而就，故当时盛行刻纸。城乡各地民间也有类似的手工制作，如灯花、鞋花、喜花、窗花、门笺等，又或胖娃、寿星、八仙、钟馗等人物，虽不十分精细，却也情趣盎然。此后刻纸制作技艺逐渐进化，并在民间代代相传。

金坛刻纸的工艺主要由手工绘画和镂空刻制组成。无论幅面大小，手工绘画和镂空刻制都按照剪纸的规律和要求，既有清晰完整的构图和造型，又保证整体线条间的互相连接，刻制手法博采众长，作品内容丰富，题材广泛。

较之传统剪纸，金坛刻纸具有幅式灵活、制作手法新颖、构图精细繁茂等特点。传统剪纸因受到剪制工具的局限，作品多为小幅，而金坛刻纸可以根据题材内容的需要自由选定大幅乃至巨幅；传统剪纸大多采用单色，而金坛刻纸常采用填彩、点彩、衬彩等综合手法，表现细腻、丰富；传统剪纸构图一般都比较简单，而金坛刻纸的构图既讲究简洁，也讲究丰富和繁茂，作品具有更强的整体感，显得气势磅礴。

金坛刻纸的题材内容和艺术形式，均表现出浓郁的时代生活色彩，其作品展现的是一幅幅江南民间生活的优美风俗画卷。它不仅是独具江南特色的乡土奇葩和民间工艺瑰宝，也成了异域游客了解江南、亲近江南的媒介物，具有深厚的民族传统文化内涵。

金坛刻纸 2008 年被列入国家级“非物质文化遗产名录”。

苏绣

申报地区或单位：苏州市

苏绣是以苏州为中心的江苏地区绣品的总称，狭义的“苏绣”就是指苏州刺绣，而广义的苏绣是指以苏州为集散中心，遍及江苏全境的一种著名手工艺品。苏绣是中国四大名绣之一。

苏州刺绣（申报地区或单位：苏州市）

苏州刺绣至今已有两千余年的历史，早在三国时期就有了关于苏绣制作的记载。后经历代不断地发展完善，到宋代，苏州刺绣已十分兴盛，工艺也日臻成熟。农村“家家养蚕，户户刺绣”，城内还出现了绣线巷、滚绣坊、锦绣坊、绣花弄等坊巷，可见苏州刺绣之兴盛。当时不仅有人以刺绣为生，而且富家闺秀也往往以此消遣时日、陶冶性情，所谓“民间绣”、“闺阁绣”、“宫廷绣”的名称也由此而来。清代苏绣更是盛况空前，苏州因被称为“绣市”而扬名四海。苏绣也在针法的运用、色彩、图案、面料等方面逐渐形成其独特的艺术风格，并以精、细、雅、洁著称。

苏绣具有图案秀丽、构思巧妙、绣工细致、针法活泼、色彩清雅的独特风格，地方特色浓郁。好的苏绣作品必须具备图案秀美、做工精细、色彩典雅、意境深远等特点，而且要做到山水能分远近之趣、楼阁具现深邃之体、人物能有瞻眺生动之情、花鸟能报绰约亲昵之态。在刺绣的技艺上，苏绣大多以套针为主，绣线套接不露针迹。

常用三四种不同的同类色线或邻近色相配，套绣出晕染自如的色彩效果。同时，在表现物象时善留“水路”，即在物象的深浅变化中，空留一线，使之层次分明，花样轮廓齐整。因此人们在评价苏绣时往往以“平、齐、细、密、匀、顺、和、光”八个字概括。“平”指绣面平展；“齐”指图案边缘齐整；“细”指用针细巧，绣线精细；“密”指线条排列紧凑，不露针迹；“和”指设色适宜；“光”指光彩夺目，色泽鲜明；“顺”指丝理圆转自如；“匀”指线条精细均匀，疏密一致。其中以“双面绣”作品最为精美。苏绣的仿画绣、写真绣以其逼真的艺术令天下绣品无能出其右。

苏绣 2006 年被列入国家级“非物质文化遗产名录”。

无锡精微绣（申报地区或单位：无锡市）

精微绣，顾名思义是精致微小的双面刺绣。无锡精微绣是根据唐代苏鹗《杜阳杂编》中相关记载的启发，经过反复研究、探索、试制发展而来的。现在精微绣已成为无锡刺绣的特色，闻名海内外。

无锡的刺绣已有两千多年历史，称“锡绣”。明清时期，锡绣非常兴盛，家家有绣棚。在长期历史发展过程中，锡绣创造了丰富多彩的针法，积累了优秀的传统技法。改革开放以来，锡绣行业在研究锡绣、继承传统针法的基础上创新，创造了“精微绣”这一新的技艺。经过几十年的探索，精微绣以其高、精、尖的特点受到国内外专家的好评。

精微绣的研制成功是刺绣艺术的又一重大创新，它与一般双面绣相比，技术要求更高，绣制难度更大。它在绣稿的选择上，在用针、用色、用线上更加讲究，要求创作人员不但要有熟练的双面绣技术，还要有较高的艺术造诣。刺绣细部时甚至要将一根丝线细分为七十至八十份。一幅作品从绘画设计开始，要先将画白描在纸上，再描到绢面上，然后配针法、配色。无论是绣稿的选择，还是各种针法的恰当运用、色彩的处理、不同粗细丝线的灵活运用，无一不是精微绣创作的关键。

无锡精微绣卷幅微小、构思巧妙、绣技精湛。作品往往在很小的画面中，精心构画丰富多彩的文字和图案，经由刺绣艺人用双面绣技法精工绣制，无论细若蝇毫的文字，还是寸人豆马，都显得形神兼备、意趣无穷，令人爱不释手。人物服饰上所绣花纹和字体，须借助放大镜才能看清。精微绣问世后，得到国内外艺术界、收藏界人士的赞赏，并在全国工艺美术展览中多次获奖，被誉为我国刺绣艺苑的一株奇葩。

无锡精微绣 2008 年被列入国家级“非物质文化遗产名录”。

南通仿真绣(申报地区或单位:南通市)

南通仿真绣是苏绣的一种,由清末民初的刺绣艺术家沈寿首创,所以南通地区又称之为“沈绣”。

南通仿真绣是融会西洋油画、摄影等美术中光影技法,革新刺绣针法与技艺而创制,所以其传神、写实、逼真的效果是其他刺绣无可比拟的。丝线的自然光泽、明暗关系的处理,绣面神态变化,是绘画所不能及的。油画能调出的颜色丝线都能表现,一种颜色以浓淡色差之分有十几种或二十种之多。在用针方面,沈寿也改变了以往刺绣中平铺直套的针法,而是按自然物的形状旋转铺绣。这些艺术特色使仿真绣形成了独特的艺术风格,并在南通、苏州一带得到传承与发展。

仿真绣以人物绣最为擅长。沈寿1910年完成的仿真绣《意大利皇后像》应邀参加南洋劝业会,赢得众人惊叹。此作品后由清政府选送参加在意大利举行的万国博览会,获“至大荣誉最高级之卓越奖凭”。清政府将此作赠送给意大利皇帝后,轰动意大利朝野。1915年,沈寿耗时两年多绣制的耶稣像完成,同年获得美国巴拿马世界博览会“一等大奖”。此像题名《荆棘冠冕》,由严文梁先生(我国最早引进西洋画方法的教育家之一)先放大再描到绣料上。作品根据画面颜色配线染色,采用欧洲油画艺术的光影技法,采用独创的旋针,结合施针、散针、虚实针等针法巧妙绣制而成,巧夺天工。《蛤蜊图》是沈寿的一幅精致作品,绣面高光部分采用留白来表现物体的立体感,具有西方素描的艺术效果。作品虚实并用,既丰富了画面又富有生机,充分显示了沈寿仿真绣的艺术特征。

南通仿真绣的画稿以油画、照片和自然界的物体为对象,吸收西洋油画的用光、用色和明暗关系,用中国传统的刺绣针法和绣线来表现西方艺术,为典型的中西方相结合的艺术形式。它继承了传统苏绣平、齐、光、亮等工整细腻的风格,又比传统苏绣的色彩更加丰富,立体感更强,在用针和用线方面更加充分体现了刺绣的针法与绣线的工艺。南通仿真绣开传统刺绣创新风气之先,其刺绣技艺和刺绣艺术思想为中国刺绣的发展和持续创新开辟了一条新路。

南通仿真绣2008年被列入国家级“非物质文化遗产名录”。

泥塑

泥塑，即用黏土塑制成各种形象的一种民间手工艺，在民间俗称“彩塑”、“泥玩”，是中国民间传统的一种雕塑工艺品。

我国的泥塑艺术可以追溯到新石器时代。至唐宋时期，泥塑艺术发展到盛期，著名泥塑有甘肃敦煌莫高窟的菩萨、山西太原晋祠的宫女等。至清代，泥塑形成南北两个著名流派：北方有天津“泥人张”，南方有无锡惠山泥人。“泥人张”指天津张长林，其来自捏塑世家，作品以写实为特色，人物造型、音容笑貌、色彩装饰，无不强调一个“像”字。惠山泥人又可分两类：一类“泥耍货”供儿童玩耍，“大阿福”是最典型的作品，其造型丰满活泼、浑厚简练，色彩明朗热烈，富有浓厚的乡土气息；另一类为“手捏戏文”，主要塑造戏曲人物，神态刻画细腻，造型适当夸张，表现技法精练，色彩纯朴、深厚，具有江南地方特色。此外，陕西凤翔、河北白沟河、苏州虎丘等地亦为著名的民间泥塑重要产区。

无锡惠山泥人（申报地区或单位：无锡市）

无锡惠山是无锡泥人生产和销售的中心，所以无锡泥人又称“惠山泥人”。无锡惠山泥人以造型简练、色彩艳丽、形神俱备的独特风格而久负盛名。

惠山泥人始于南北朝时期，距今已有一千多年的历史。明代达到鼎盛。明末清初开始出现了专业性的泥人作坊。惠山泥人分“粗货”与“细货”，“粗货”大多以喜庆吉祥题材为表现内容，如大阿福、蚕猫、老寿星、渔翁等，寄托着民间祈求祥瑞、辟邪纳福、丰衣足食的美好愿望，其造型粗犷简洁，色彩明快，挥洒写意，形神兼备；“细货”即手捏泥人，这类作品主要取材于传统的戏曲人物、神话传说、民风民俗，人物塑造生动传神，色彩秀丽明隽。

无锡手捏泥人对材质要求严格，需取当地水稻田一米深处的乌土为材料。传统工艺极为复杂，有搓、揉、挑、捏、印、拍、剪、色、压、贴、镶、划、扳、插、推、揩、糊、装等技艺。作为彩塑，彩绘技艺在整个泥人的工艺制作中占有较高的比重，因而有“三分塑七分彩”之说。20 世纪 30 年代，惠山泥人工艺中融入石膏制作的技法，自此产生了石膏工艺泥人的新品种，惠山泥人艺术也逐渐发展成为富有江南地方特色的“惠山型”风格。

无锡泥塑以独特的艺术造型、鲜明的民族民间色彩和浓郁的江南乡土气息而深受海内外各界人士的喜爱，被誉为“无锡三宝”之一，被视为最富有东方色彩的民间彩塑。

无锡惠山泥人 2006 年被列入国家级“非物质文化遗产名录”。

苏州泥塑（申报地区或单位：苏州市）

苏州泥塑起源于苏州。苏州泥塑与潮州浮洋泥塑、天津泥人张、无锡惠山泥人并称中国四大泥塑。

苏州泥塑已经有两千多年的历史。在距今两千多年的苏州汉代墓葬中，就有泥胎捏塑、经火焙烧的工艺陶俑出土。唐代时，苏州泥塑已达到相当高的艺术水平，《苏州府志》曾提及“虎丘人搏土肖人像逼真”。唐宋时，出现了许多大型佛像泥塑。明清两代，宗教彩塑造像达到高峰，同时，戏文泥塑风行。

苏州泥塑以图案丰富、高雅、细腻著称。传统的苏州泥塑写实性很强。在写实的基础上，再提炼和概括，以使作品图案化，以神传情。在苏州泥塑中，以彩绘泥塑的特点最为突出，其利用色、线、面的结合，突出装饰性和色彩效果，并强调神似。苏州彩绘泥塑的表现技法多种多样，有混合交叉，有圆雕、浮雕、悬雕、线刻、彩绘、贴金等，是多材料、多技法的统一。

苏州泥塑大致分为两类：一类是大型泥塑，即庙宇寺观的佛像金刚、天尊大仙等，称“苏帮”泥塑，一般体量较大；另一类是泥塑小品，即虎丘泥人，一般尺寸为二至七寸。

苏州神佛塑像是传统工艺的一种，其作品以细腻、传神、雅致而著名。泥塑最大的优势是取材方便，一般取当地的山泥，接着就是钉骨架、将泥进行粗细加工、上泥、彩绘或装金，每个大步骤里面还分若干小步骤。完成一件作品起码要一两年。苏州大型泥塑既融合了雕塑、色彩、图案、绘画等艺术，又涉及光学、透视学、力学、建筑学、材料学等学科，已经成为一项技艺独特的传统民间工艺。

虎丘泥人是苏州泥塑的一种。之所以称作虎丘泥人是因为所需泥土取自虎丘周边的黏土，叫滋泥，这种土黑、细、黏，非常适宜做小品泥人。虎丘泥人最大的特点是写实性强，小巧玲珑，一般高约十至十五厘米，而且在很短的时间内就可以完成，主要有“捏相”、“手捏戏文”等。早期的“手捏戏文”主要取材于昆曲，有《单刀会》、《渔家乐》等，艺人们在捏制时，并不完全按照戏曲本身来处理情节，也并不完全按照舞台形象塑造人物，而是有所选择和侧重，根据自己的道德观、历史观和美学观来理解和创造。因此在同一戏曲人物的处理上，形象各不相同。

苏州泥塑的主材料是取自苏州的黏土，虎丘泥人的用料基本上是取自虎丘的山泥。泥塑用的工具简单，都是用竹、木、角、骨等材料制成，有竹刀、糙砑、光砑、蚂蟥刀、刮子等。苏州泥塑的工艺流程一般是备料、捏塑头像、配做身子、捏手足、合身子、干燥、彩画或配衣饰。

苏州泥塑承载着丰富的历史文化信息，对研究苏州地区的历史、社会、艺术、宗教、民俗等具有重要价值。苏州泥塑“塑者如画”，有较高的艺术性和欣赏性，既可以摆设观赏又可给孩童玩耍，因此具有审美价值、收藏价值和实用价值。

苏州泥塑 2008 年被列入国家级“非物质文化遗产名录”。

徐州香包

申报地区或单位：徐州市

香包，又称“香囊”、“香缨”。相传在战国时期中国就有了制作和佩戴香包的习俗，早期的香包叫做“容臭”，主要是未成年男女佩戴。明清时期，香包盛行一时，从皇亲国戚到平民百姓都喜欢佩戴香包，香包的意义也随之转变，成为青年男女的定情信物。近代，已经鲜有人佩戴香包，香包多半成为端午节求吉祈福、驱恶辟邪的赠品。

徐州香包工艺产生于汉代，经过几千年的发展演变，逐渐形成了其独特的徐州地方特色。徐州香包与徐州本地汉画像石的艺术造型风格颇为神似，生动、简洁、粗犷、质朴。徐州香包极具装饰性，局部刺绣恭谨细腻，相得益彰，神形兼备，惟妙惟肖。形状有心形、圆形、菱形、元宝形、蝴蝶形、花瓶形（保平安）、水滴形、长方形、人物形等，敦实淳朴，色彩对比强烈，立体造型栩栩如生，以新、奇、美、真著称。香包工艺独特，尤为绣工精美见长，色彩以暖色为主，华丽之中更显风韵。题材多以喜庆吉祥为主，如“龙凤呈祥”、“鸳鸯戏水”、“松鹤延年”、“喜鹊闹梅”等，寄托着人们祈求祥瑞、辟邪纳福、丰衣足食的美好愿望。还有“五毒青蛙包”，把蝎子、蜈蚣、蟾蜍、长虫、马蜂绣在青蛙身上，让小儿佩戴，取以毒攻毒之意，意为百毒不侵；又如“汉画四神包”，将道教信奉的青龙、白虎、朱雀、玄武作为保护神绣在香包之上，借以保佑全家幸福、平安，有着丰厚的文化内涵和文化价值。

徐州香包同时兼具药用价值，制包人根据祖传秘方，选取中药宝库中数十种散发自然芳香，又具有养气调神、避邪功用的药材，经过特殊加工，成为香包的主要原料，具有驱蚊防潮、净化空气、预防疾病等功效，具有生活实用价值。这也是香包历经千年而不衰的一个重要原因。

徐州香包广泛分布于徐州各个地区，其中在徐州市泉山区比较集中。

徐州香包 2008 年被列入国家级“非物质文化遗产名录”。

竹刻

竹，挺拔修长，四季青翠，凌霜傲雪。我国人民历来喜爱竹子，在我国源远流长的文化史上，松、竹、梅被誉为“岁寒三友”，梅、兰、竹、菊被称为“四君子”，可见竹子在我国人民心中占有重要地位，备受人民大众喜爱。

中国是世界上研究、培育和利用竹子最早的国家，竹刻在中国由来已久。竹刻是用竹根雕成人物及动植物形象，或在竹材、竹器上雕刻文字、图画等。通常也指用竹根、竹材、竹器雕刻成的雕塑工艺品。竹刻主要流行于中国南方各地，明代时的江南竹刻艺术已达到全盛时期，发展为各具特色的两大流派，一派是以南京竹刻为代表的“金陵派”；一派是以上海嘉定竹刻为代表的“嘉定派”。至明清，嘉定已成为江南竹刻艺术的中心。

竹刻分为翻簧竹刻和留青竹刻两种。

翻簧竹刻也叫“贴簧”、“竹簧”、“反簧”和“文竹”。将毛竹锯成竹筒，去节去青，留下一层竹簧，经煮、晒、压平后，胶合或镶嵌在木胎、竹片上，然后磨光，再在上面雕刻纹样。内容有人物、山水、花鸟、书法等。翻簧的雕刻，多在很薄的竹簧表面，故以阴纹浅刻为主，亦有施以薄雕的。其色泽光润，类似象牙，以实用的茶叶罐、花瓶、台灯、照相架、首饰盒、文具盒、笔筒和果盘为主。

留青竹刻是留用竹子表面的一层青筠，用以雕刻图纹，然后铲去图纹以外的竹青，露出下面的竹肌作地，故名“留青竹刻”。竹青选用深山冬竹，经防霉、防蛀工艺处理，成品底面光润。竹筠洁如玉，竹肌有丝纹，竹筠色浅，年久呈微亮；竹肌年愈久，色愈深，色如琥珀。留青竹刻宜充分利用这种质地和色泽变化差异，青筠全留、多留、少留或不留，分出层次，形成色彩从深到浅的自然退晕效果，明晦浓淡，因景而施。留青雕刻的笔筒、臂搁、匣盒、扇骨等器物不仅精巧，而且外表润泽，色泽近似琥珀，历年越久，竹肌颜色越红，图案部分就越突出，如经常把玩摩挲，则光滑如脂，温润如玉。

雕刻留青，大多先制成器物，然后在竹面上打好画稿，运用各种雕刻技法操刀。留青竹刻很讲究用刀，雕刻刀以弹簧钢制成，风格不同，用刀也有区别。切边线，用斜口刀；铲去空白处，用平口刀；刻留青部分，用平口、圆口刀；刻画毛发之类，用槽刀；刻画蜻蜓之类的薄翼，则要把翼筋凸出，薄膜处用圆刀铲去竹青的十分之七，利用色泽和雕刻深浅的对比，充分表现薄翼透明的质感。

留青竹刻始于唐代，到明代后期，常州竹刻艺术家张希黄发展了前人的刻法，使留青竹刻突破了以往图案形式，达到笔墨神韵和雕刻趣味兼备的境界。清代竹刻艺术家在继承明代技法的基础上又有所发展，留青竹刻更注重书画艺术的效果，艺术水平有了新的提高。

无锡留青竹刻（申报地区或单位：无锡市）

无锡是近代江南竹刻的主要产地。无锡留青竹刻艺术由实用竹制品脱胎而来，以文人雅士、书画艺术家为主要受众，渲染清淡雅致、天然本色的文化氛围，寄寓超逸高迈的文化情操，风格质朴清雅，格调高古。

无锡留青竹刻在设计和制作理念上主张“以画法刻竹”，即用中国传统书画的构图法则来设计竹刻品的画面布局。挂屏、臂搁可看成中国书画中的立轴，扇骨、镇纸可看成屏条，而笔筒图样拓展开来，则可看成横披、手卷或通景屏一类。竹刻的款识和钤印格式也与书画别无二致。竹刻虽然与书画所用的材料和工具截然不同，但它们在表现手法上有着异曲同工之处。就留青浅刻而言，人物肉体裸露部分常用阳文线刻手法来处理，线条挺括、流畅、精美，这和国画中的工笔线描相近。在阴文浅刻中，竹刻艺人则用刀痕的深浅，起底的平糙起伏、生涩圆润来表现中国水墨写意画和中国书法的笔墨韵味。很多竹刻刀法都是从中国书画的传统笔法中得到启发而产生、形成的，或老辣古拙，或水墨淋漓，或焦枯皴擦，或秀媚隽永，或苍深遒劲，充分体现了“以画法刻竹”的理念。无锡留青竹刻还特别讲究体现竹子的自然材质美，并将留青浅刻与浮雕、透雕巧妙地融合在一起，从而形成无锡留青竹刻独有的艺术特色。

无锡留青竹刻作品生成之初就是文人书案、画桌上的实用物品之一,它与无锡的文学、书画艺术水乳交融,具有重要的人文价值。在漫长的历史岁月中,无锡留青竹刻艺人创造出适合表现不同题材的各种雕刻刀法,使得无锡留青竹刻技艺具有独特的工艺价值。无锡留青竹刻是江南竹文化的精华,显示出中国传统艺术的无穷魅力。

无锡留青竹刻2008年被列入国家级“非物质文化遗产名录”。

常州留青竹刻(申报地区或单位:常州市)

常州留青竹刻艺术的历史源远流长,并早已取得卓越的成就。国家出版的史料专著上称:“清末,江苏常州的留青竹刻独占鳌头。”著名鉴赏家王世襄在其编著的《竹刻》一书中介绍的五位全国顶尖竹刻艺术家中,常州就占了四位。据说我国的竹刻与书画艺术结缘,始于明代常州府的张希黄和清代周之礼。

近现代常州留青竹刻更是人才辈出,出现了以徐素白、白士风为代表的两大流派群体,并涌现出徐秉方、范遥青、徐秉言等一批代表性传人,徐秉方、范遥青的作品在美、英等国展出时,轰动一时,引起国外学者研究中国常州留青竹刻的热潮。

常州留青竹刻2008年被列入国家级“非物质文化遗产名录”。

灯彩

“灯彩”是人们在传统节日、吉祥喜庆时张挂的彩灯，由于其在形状、色彩以及灯火等方面常呈五颜六色，如花似锦，故民间又称“花灯”。“灯彩”从灯具艺术发展而来，是一种融装裱、绘画、书法、刺绣等多种艺术为一体的综合艺术。千百年来，广大灯彩艺人积累了丰富的灯彩制作经验，在灯彩的造型、制作和风格上都有独特之处，具有浓郁的民族风格和地方特色。灯彩艺术体现了中华民族的才智巧思，它融抽象构成、拟形雕塑、平面书画、复合装饰和光动机制于一体，是一种具有浓郁民族特色的综合空间艺术。

江浙灯彩誉满天下。江苏苏州灯彩素以花色纷繁、精工巧技、古朴典雅、灵秀清丽而名冠全国。秦淮灯彩，以南京夫子庙灯会的盛名自明代流传至今，其兔子灯、蛤蟆灯、狮子灯，简率纯朴，乡土气息浓郁。浙江海宁硖石灯彩，始于唐，至今已有一千两百余年历史。它采用竹篾为骨架造型，以层层宣纸裱糊灯片，施以独特针刺花纹或刻绘的书画诗文装饰，精致典雅，以针孔灯闻名于世。浙南的仙居无骨花灯，灯身没有任何骨架，全由绣花针刺成的各种花纹图案的纸片粘贴而成，制作工艺特殊。广东佛山灯彩，巧用天然原料和铜衬剪纸装饰，刨花灯、灯草灯、鱼鳞灯等，素雅中透出几分华贵。

北方灯彩与南方灯彩不同，但同样呈现出独具地域特色的发达景象。北京灯彩以宫灯、纱灯最为著名。宫灯用紫檀、红木、花梨等木材为框架，镶上玻璃、纱帽精制而成。纱灯则用生长多年的竹子劈成篾条，再糊扎成椭圆形，然后裱上纱帽精制而成。河北霸县的“老鼠攀葡萄”灯、“蝎子驮牌楼”灯、麒麟灯、猪八戒灯、鸭子灯、金鱼灯、鸳鸯灯等，题材诙谐，寓意明快。

随着社会的进步、文化科学的发展，彩灯工艺与现代科学联姻，声、光、电技术为彩灯注入了生命的活力，使彩灯艺术之花异彩纷呈，绚丽多姿。由于用电灯取代蜡烛、油灯，灯光更是五光十色，富于魅力。彩灯的形式已由传统的单一、小巧、静止，向着大型和联动的方向发展，使形、色、声、光、动达到高度的统一。现代的彩灯在制作工艺上设计构思、制作、布局等方面，又与文艺、音乐、美术、科技、园林等相结合，融知识性、科学性、艺术性、趣味性及参与性为一体，从而使中华灯彩文化展现出综合的复合文化艺术之美。

秦淮灯彩（申报地区或单位：句容市）

秦淮灯彩，又称金陵灯彩、南京灯彩。东晋时期，南京就出现了灯彩。南朝时南京就举办过灯会。明建都南京后，元宵节在秦淮河一带燃灯已成定规，并一直兴盛至今。现在的元宵节早已成了一个扎制花灯、张灯结彩、以灯造景、借灯赏玩的传统节日，形成南京元宵节一大特色，“家家走桥，人人看灯”，“银烛影中明天下，相逢俱是看灯人”。

秦淮灯彩有宫灯、挂灯、壁灯、花灯、动物灯、转灯等，融南北灯彩特色于一处，同时融合了多种艺术门类、多种制作材料和多种工艺技术，汲取了纸扎、绘画、书法、剪纸、皮影、刺绣、雕塑等艺术之长。秦淮灯彩具有浓厚的民间乡土风格和南京本土气息，取材大多因地制宜。传统的秦淮灯彩主要是单体灯，如荷花灯、兔子灯、金鱼灯、元宝灯、狮子灯、蛤蟆灯以及一些纸扎花灯。现在则发展到各种组合灯彩、大型灯彩。秦淮灯彩色彩瑰丽明快，造型简约大方，风格大俗大雅。正如朱自清先生在那篇著名的《桨声灯影里的秦淮河》中所提到的：“这灯彩实在是最能钩人的东西。”南京堪称我国灯彩艺术的集萃地。

秦淮灯彩不仅是一种民间美术和工艺，同时也是秦淮灯会民俗活动的重要载体和表现内容。它浓缩了众多门类艺术，是一种独特的文化产品。作为我国传统灯彩艺术中的一个重要流派，秦淮灯彩承载着悠久灿烂的历史文明，具有强烈的历史感和地域特征，秉承了民族传统艺术中的文化特质，蕴涵着历代南京人的真挚情感和热爱生活的审美理念。

秦淮灯彩 2008 年被列入国家级“非物质文化遗产名录”。

苏州灯彩（申报地区或单位：苏州市）

苏州灯彩，又称“苏灯”。苏灯始于南北朝，宋代已成为一个独立的行业。明清时期，苏州灯彩盛极一时。吴趋坊、西中市、阊门、吊桥、南濠一带，灯市兴旺，蜿蜒数十里，供人观赏，同时出售。民国初年，苏州灯彩仍十分兴盛，后因战乱，逐渐萎缩。新中国成立后，苏灯制作业重获新生。苏州灯彩素以“造型优美、技艺精湛、特色鲜明”而享誉海内外。

苏州灯彩的制作工序为造型设计、扎架成型、裱糊灯体、套色剪纸、绘画装饰。苏州灯彩都是手工制作，制作器具十分简单，但工艺十分精巧，画面丰富多彩，绘有山水、人物、飞禽、走兽、花草，不仅光华灿烂，而且制作巧妙。如有一种“剔画彩灯”和“走马灯”，灯上设置各种故事人物，有“西施采莲”、“张生跳墙”、“刘海戏蟾”之类。待灯里燃起蜡烛，冷热空气对流，人物即能循环转动，颇有趣味。有一种“上桥落马灯”，灯面上绘着小桥流水人家，粗看无人，但点上蜡烛，即隐约出现一个骑马的人影，跑到桥堍，人与马又会分离，马影先过桥，然后人影随后过桥，过桥后又跨上马背，渐渐隐去，其手艺之高超，使人惊叹。

苏州灯彩以丝绸、纸张、竹木、铅丝等为主要材料，集扎、糊、剪、绘四种技艺于一体。其种类分为挂灯类、座灯类、壁灯类、大型艺术灯彩类、人物灯彩组合景类五大类，一百多个品种。其中仿制苏州园林亭台楼阁的走马灯为苏灯的典型代表作品。

苏州灯彩造型优美，结构巧妙，工艺精致，色彩雅丽，具有独特的地方风格和艺术特色。苏州灯彩保留了各个朝代的艺术特征，集中体现了中国灯彩的历史演变，苏州灯彩是苏州民俗文化的载体，具有重要的民俗文化价值、实用价值和审美价值。

苏州灯彩 2008 年被列入国家级“非物质文化遗产名录”。

玉雕

玉雕是中国最古老的雕刻品种之一。早在商周时期制玉行业就已出现，当时玉器多为礼仪用具和装饰佩件。在中国古代，玉被当做美好物品的标志和君子风范的象征。玉雕的品种很多，有人物、器具、鸟兽、花卉等大件作品，也有别针、戒指、印章、饰物等小件作品。中国的玉雕技艺在世界上久负盛名。

扬州玉雕（申报地区或单位：扬州市）

扬州是一座具有两千多年历史的古城，其琢玉工艺源远流长，千百年来，扬州玉雕技师呕心沥血，雕刻出数量众多、形式各异、工精艺巧的玉器珍宝，素有“天下玉、扬州工”的美誉。

在汉、唐、清三代，扬州三度繁荣，其琢玉工艺也出现了三次高峰。自明清以来，扬州即为中国三大玉雕产地之一。清乾隆年间扬州玉雕进入全盛时期，两淮盐政在扬州建隆寺设玉局，大量承办宫廷玉器，并按岁例向朝廷进贡。扬州成为全国琢玉中心。

扬州本地并不产玉，但古代扬州的便利交通及富庶为玉雕的形成与发展创造了便利条件。扬州玉雕所用玉石质地坚硬缜密，手工雕琢技术较为复杂，其工艺特点是琢磨，即“琢玉”与“碾玉”。扬州玉雕使用的玉料有新疆的白玉、青玉、碧玉，辽宁的岫玉、玛瑙、黄玉，江苏的水晶，湖北的绿苗、松耳石，广东的南方玉及巴西的玉石，缅甸的翡翠，阿富汗的青金，加拿大的碧玉和日本的珊瑚等。来自全国各地的珍贵玉石在这里加工后，顿时身价百倍。每一块玉石的成分、色泽、形态、大小均不相同，玉雕大师善于依照它们各自不同的特点，首先构思出玉器的造型，然后才进行仔细的雕琢。有时候一件大的玉雕作品要一个人雕刻十几年。

扬州玉器分炉瓶、人物、花鸟、走兽、仿古、山子雕六个类别，品种齐全，花色繁多。历代扬州玉雕保留了不同时期的艺术特征，如西汉的《白玉蝉》以和田玉雕成，采用“汉八雕”的手法，线条凝练挺拔，推磨极见功夫；清代的《大禹治水》多种手法并用，属于稀世珍品，它以新疆青白玉为材料，前后雕琢六年，用工十五万个，耗费白银一万五千余两。

扬州玉雕创造性地将阴线刻、深浅浮雕、立体圆雕、镂空雕等多种技法融于一体，形成了浑厚、圆润、儒雅、灵秀、精巧的基本特征，以其独有的艺术魅力著称于世。

现代的扬州玉器全面继承和发展了传统优良技艺。今天的扬州玉雕构图新颖、造型优美、做工精致。其中，“山子雕”及“链子活”尤其显示了扬州玉雕艺人精湛的技艺，受到国内外的高度评价和赞许，被誉为“人间奇迹的创造者”、“东方艺术之最”。

扬州玉雕 2006 年被列入国家级“非物质文化遗产名录”。

苏州玉雕（申报地区或单位：苏州市）

苏州是我国玉雕发源地之一。苏州历史上玉工巧匠辈出，他们将苏州制玉推上了高峰，形成了鲜明的“苏作”地域特色，今天苏州玉雕依然是全国同行业中的翘楚。

苏州是我国有名的琢玉产地之一，苏州地区早在新石器时代，就有经过琢磨、穿孔的玉器出现，可视为最原始的琢玉工艺品。据宋代范成大所修《吴郡志》载：早在唐、五代时期，苏州就有琢玉的工场和艺人了。明代宋应星著《天工开物》一书，盛赞过苏州玉工：“良玉虽集京师，工妙则推苏郡。”可见，苏州的玉雕在明代即以其精良灵巧闻名全国，当时苏州著名的雕玉艺人陆子刚称“鬼斧神工”，曾琢玉水仙，玲珑奇巧，明代《徐文长集》中有题水仙诗五首，中有“昆吾峰尽终难似，愁煞苏州陆子刚”之句。至清代，天山南北交通无阻，玉材来源增多，玉器生产更加繁荣。至道光年间可谓全盛。当时从专诸巷、天库前、周王庙弄，直到王枢密巷、石塔巷、回龙阁，几乎户户可闻“沙沙”的琢玉声。据统计，全城有两百多家琢玉工场，艺人近千人。

苏州玉雕具有空、飘、细的特点，作品分为立体和平面两大类，平面雕又分浅琢和打眼挖花两种。在技艺上，善于运用镂雕，使产品玲珑剔透，飘逸俊俏；剔地阳纹、浅刻阴纹，是苏州传统技艺，大量用于炉瓶的纹样装饰。其造型生动，线条流畅，琢磨工细，古雅别致。苏州高明的玉工拿到了璞，用铁锤猛力击出一个裂口，就可知道所含玉质，名为“开眼”，之后，经过切、磋、琢、磨多种工序，制成大小不等的各种器物，在加工过程中，工匠们根据玉色的不同，巧妙地刻成各种形态，或为人物，或为花鸟，玉工还能在屏风、插架等陈设上将碎玉镶嵌成人物、花鸟等图案，更具匠心，被称为“玉活计”。

苏州玉雕 2008 年被列入国家级“非物质文化遗产名录”。

光福核雕

申报地区或单位：苏州市

核雕是苏州地区独有的民间艺术。苏州核雕从业人员主要集中在苏州市吴中区的光福镇，以光福的舟山村为最集中，其次是光福镇周边村落，还有邻近乡镇如东渚、胥口、藏书等地。光福是近代核雕的发源地。光福核雕是苏州核雕业中的一个主要组成部分。

光福核雕历史悠久，技艺精湛。明代文学家魏学洢的散文《核舟记》记述了明天启年间常熟王叔远在不满一寸长的桃核上雕刻出“东坡游赤壁”的场景，被惊赞为“灵怪之材”。清乾隆初年，苏州微雕艺人杜士元同样用桃核雕刻了“东坡游赤壁”，他在小船上增雕了船工，被当时称为“鬼工”。

光福核雕，主要以橄榄果核为材料，橄榄核来自广东一带的“乌榄”品种，质地硬而细腻。制作出来的核雕工艺品特别细腻漂亮。光福核雕的技巧以浮雕、圆雕和透雕为主，外形基本保持果核的原形。核雕形式有三个系列：珠串式、坠件式和摆件式。所反映的题材一般有四个系列：吉祥如意系列、神仙人物系列、民间民俗故事系列和山水园林系列。

光福核雕工艺精巧，作品造型活泼，立体感强，线条明晰，人物有神，风格细腻，集中反映了苏州雕刻工艺精、细、雅的神奇魅力，是我国微雕业的杰出代表。精美的核雕工艺品具有很高的艺术价值、技艺价值、实用价值和收藏价值。

光福核雕 2008 年被列入国家级“非物质文化遗产名录”。

邳州纸塑狮子头

申报地区或单位：邳州市

邳州纸塑狮子头是邳州民间狮子舞的狮子头面具。据史料记载，邳州纸塑狮子头已有五百多年历史。狮子头面具发展的历史是民间狮子舞及中国民间面具艺术发展轨迹的缩影。

邳州纸塑狮子头根据舞蹈套路、动作编排的要求，有大小造型之分，是一个集雕塑、裱糊、扎制、绘画于一体的综合造型艺术，它不同于南方狮子头面具的文秀细腻，极具北方粗犷豪放的霸气，造型夸张，形象活泼，色彩鲜艳，对比强烈，且兼具诙谐幽默，具有极高的艺术研究价值。

近年来，随着社会的发展，民间艺术越来越受到重视。邳州市政府采取了一些措施保护、发掘纸塑狮子头工艺，并提倡研发新产品，组织参加各种民间艺术展览，扩大对外宣传。1993年邳州纸塑狮子头被文化部选中参加在美国举办的“中国民间艺术一绝展”；1992年邳州纸塑艺人石荣圣被联合国教科文组织授予“民间工艺美术家”称号。

邳州纸塑狮子头2008年被列入国家级“非物质文化遗产名录”。

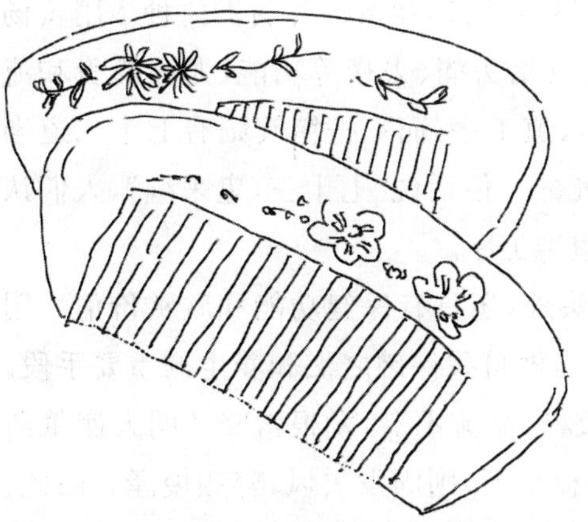

常州梳篦

申报地区或单位：常州市

“宫梳名篦，情同伉俪；延陵特产，花开并蒂。”常州最早叫延陵，这首常州民谣所唱的就是常州有名的特产木梳、篦箕。

梳篦总称曰“栉”，与簪、髻、钗、步摇等并称为中国古代八大发饰之一。古人兴蓄长发，梳篦为每日梳理头发的必备之物。梳子齿距疏松，用于头发的梳理；篦子齿距细密，用来篦去发间的污垢，保持头发清洁，不长寄生虫，使人焕发容光。梳篦还可以刺激头皮神经，促进新陈代谢，延年益寿，并能插于发间作发饰。常州篦梳自魏晋南北朝流行至今已有一千多年的历史。

制篦业的祖师当是陈七子。春秋时期，陈七子为吏，因罪入狱。因狱中生活条件极差，陈七子头上生满虱子，奇痒无比。一次，陈七子被狱卒用毛竹板打后，发现毛竹板裂成了一条条篦片。陈七子将其整理扎压后，用其清除头上的灰垢和虱子，这就是最初的篦箕。据说，后来每年农历二月十八和九月二十八，梳篦业都要举行仪式，祭祀祖师，以祈求自己生意兴隆。隋朝开凿的京杭大运河从常州穿城而过，当时运河两岸的街巷都是篦梳作坊，故有木梳街、篦箕巷之称。

常州梳篦声名之盛，在于选材考究、工艺独特、制作精良。制作梳篦的主要材料为毛竹、木材、兽骨等，其中，竹料主要取自苏南、浙西等地的优质阴山壮竹。产自这些地方的竹料不仅质地坚硬、富有韧性，而且经久耐用。木材主要选用红木、枣木、石楠和黄杨等名贵树种。用黄杨制作的梳篦，因其木质细腻、纹案清晰，并具治头痛、去痒等功能，尤为珍贵和流行。从开料到成品，一把木梳需经过二十八道工序，而一把篦箕则有七十二道半工序，相传制篦祖师爷陈七子是七十三岁死的。俗话说“七十三，鬼来缠”，人们认为这个数字不吉利，所以改篦箕为七十二道半工序。

不论古代还是现代，梳篦除可用来梳头外，还具有保健功能和欣赏价值。用梳篦梳头养生古已有之。人们将日常梳头当做自我保健之法和养生的重要手段。南北朝时著名医学家陶弘景认为：“头当数栉，血流不滞，发根常竖。”明人谢肇浙《五杂组》亦载：“梳为木齿丹，云：每日清晨梳千下，则固发去风，容颜悦泽。”因此，梳子还得了个美名“木齿丹”。清宫的《起居注》记载，慈禧太后每天起床后的第一件事就是让太监用特制的梳子为她长时间梳头，这使她在花甲之年仍满头秀发。可见经常使用梳篦梳头能起到治病健身、健脑长寿的作用。

常州梳篦 2008 年被列入国家级“非物质文化遗产名录”。

丰县糖人贡

申报地区或单位：徐州市丰县

糖人贡，是一种用食用白糖做的“供品”，主要用于传统丧葬祭祀活动，流行于以徐州市丰县为中心的苏、鲁、豫、皖交界处的农村地区。

糖人贡发源于唐朝，原为宫廷用品，后流入民间。丰县糖人贡艺术发端于清代中期，距今已有三百余年的历史，为世代家传（传男不传女），秘不授人。糖人贡是以优质白糖为原料，用模具注塑的糖塑艺术品，题材广泛，内容丰富，涉及社会生活、民间故事、神话传说等诸多方面，带有浓郁的宗教色彩。造型包括仙佛诸神、动物、果品、古代建筑、祭祀器具，还有寿桃、石榴、老寿星、王母娘娘、天官、八仙人、盘龙柱、宝塔、大牌坊、十二生肖、公鸡、鲤鱼、猪头、狮子、香炉子、酒具、蜡烛等。

徐州丰县糖人贡是传统丧葬祭祀礼仪的重要载体，体现了儒家传统的孝道。其中一项重要的内容为吊丧（俗称“烧纸”），丰县传统丧葬祭祀活动遵从古制，程序复杂，十分讲究，主要有纸幡、入殓、送行、讣闻、吊丧、发引、谢丧、圆坟（即葬后的祭祀）。直接与糖人贡有关的为吊丧（安葬前的祭祀活动），即在死者灵前搭丧棚，正面用秫秸箔隔开（两边贴挽联，横联为“当大事”三字），正前设灵桌。前来祭奠的亲友，备吊丧奠礼，在灵前行跪拜礼。人多时，由一人在前主祭，其余的人都跪在后面陪祭。因糖人贡的原料为食用白糖，所以民间传统的礼仪中还有“抢贡”，即祭品使用过后，小孩子们都抢来食用,故名“抢贡”。

丰县糖人贡与当地民间民俗密切相关,有很强的地域性,有其独特的个性风格和地方特色。丰县糖人贡形象古朴优美、生动传神,通体雪白、润泽如玉、晶莹透亮,用不同传统食用色素细加描绘,纯净而艳丽,意趣天成,质朴中透出典雅之气,是我国古代民间美术传承至今的代表作品。

糖人贡市场狭小,仅限于丰县及周边农村地区使用。每年春节前后、清明节、农历十月初一,糖人贡作为供品用于祭祀祖先。随着社会发展,传统丧葬习俗不断简化,糖人贡艺术生存空间越来越狭窄,加上用途单一、用量减少,糖人贡经营状况堪忧,销量甚微,导致糖人贡濒危。

丰县糖人贡 2008 年被列入国家级“非物质文化遗产名录”。

盆景技艺

盆景起源于中国，是中华民族优秀传统艺术之一。它以植物、山石、土、水等为材料，经过艺术创作和园艺栽培，在盆中集中塑造大自然的优美景色，达到缩地成寸、小中见大的艺术效果，同时以景抒怀，表现深远的意境，犹如立体的缩小版的山水风景区。

盆景的主要材料本身即是自然物，具有天然神韵。其中植物还具有生命特征，能够随着时间推移和季节更替，呈现出不同景色。盆景是一种活艺术品，是自然美和艺术美的有机结合，能在咫尺空间集中体现山川神貌和园林艺术之美，成为富有诗情画意的案头清供和园林装饰，常被誉为“无声的诗，立体的画”。

扬派盆景技艺（申报地区或单位：扬州市、泰州市）

扬派盆景技艺与中国盆景的发展同步，是中国盆景的重要组成部分。扬派盆景以扬州为中心，包括泰州、泰兴、姜堰、兴化、高邮、东台、盐城等苏北县市，是以扬州命名的盆景艺术流派。其流派风格形成于明代，成熟于清代，享誉于当代。它得益于扬州文化，又将自身融入扬州文化之中，成为一门独特的高雅艺术。

扬派盆景唐宋时已有制作，至清代，扬州广筑园林，大兴盆景，有“家家有花园，户户养盆景”之说，并形成流派。扬派盆景与岭南派、川派、苏派、海派盆景同被列为全国树桩盆景五大流派。扬派盆景技艺精湛，尤擅观叶类的松、柏、榆、杨，别树一帜，具有层次分明、严整平稳、富有工笔细描装饰美的地方特色，饮誉海内外。

扬派盆景以“严整而富有变化，清秀而不失壮观”见称。其采用棕丝精扎细剪的造型方法，如同国画中的工笔细描。扬派盆景还特别讲究功力深厚和自幼培养，这就是“桩必古老，以久为贵；片必平整，以功为贵”。由于受扬州经济文化和地理环境的影响，扬州盆景和扬州园林一样，既有北方雄健的特点，又有南方秀美之特征。

扬派盆景融诗、书、画、技为一体，堪称中国盆景艺术代表。清秀、古雅、飘逸、写意的风格和“一寸三弯”的剪扎技艺，至今仍然是扬派盆景区别于其他各派盆景的最显著特征。扬派盆景既端庄大气，又工笔细描，具有较强的装饰性和深远的意境。

扬派盆景技艺 2008 年被列入国家级“非物质文化遗产名录”。

苏派盆景技艺(申报地区或单位:苏州市)

苏派盆景艺术历史悠久，是中国盆景的主要流派之一。

苏派盆景艺术的发展得天独厚。苏州山水秀丽，风光宜人，在历史上早就有不少造园名手，把山林野趣摄于城市的园林艺术之中，因而“咫尺千里，缩地成寸”的盆景艺术便有了借鉴的范本。太湖石玲珑透剔，山崖溪边佳树随手可得，加之苏州一向为文人荟萃之地，盆景艺术长期受其文化艺术的熏陶，遂逐步形成苏派盆景艺术的区域特性和独特的传统风格。

苏州盆景主要有两大类，一类是树桩盆景，又称盆栽盆景，苏州盆景的特点在这类盆景中表现最为突出；另一类是山石盆景，又称山水盆景，再从中分出水石盆景与旱石盆景。

鉴赏盆景素有“一盆二景三架”之说。苏派盆景以古雅拙朴见长。几十年乃至上百年的虬干老枝培植于小盆之中，竟能高不盈尺，自然成态，或悬或垂，或俯或仰，配以陶都宜兴特产的紫砂盆和各式细巧的“苏作”盆架，更显古趣盎然。

苏州盆景以精巧著称。苏派盆景传统造型有顺风、垂枝、劈干、一顶、六台、三托等，制作细腻精致，灵巧入微，如江南丝竹般委婉动人。苏派盆景的布局构思精细入微，取法自然，混同天生，绝少斧凿之痕，富有艺术情趣。在处理虚实、曲直、疏密、开合、明暗等关系上，脉理清晰，独具匠心。

苏派盆景着重意境的创造，在吸收了我国传统古典园林艺术精髓的基础上，结合中国山水画、花鸟画的某些技法，别出心裁地创造，令其成为“无声的诗歌、立体的画图、生命的雕塑”。它吸取古典园林艺术精粹，综合中国绘画技法之特长，以景寓情、以情抒景，运用“小中见大”等艺术手法，取得“景中有情，景外亦有情”的艺术效果。“大胆落笔，小心收拾”的中国画理运用在苏州盆景中，使之既有严谨的艺术构图，又有高雅的艺术气度，耐人寻味，令人爱不释手。

苏州盆景艺术具有自然纯朴的风貌、生动活泼的形象、变幻莫测的手法、韵味隽永的情调。它以浓郁的生活气息强烈地感染着人们，往往表现了原始而纯真的自然美，意欲呼唤人类热爱自然且增强人类保护、尊重自然的意识。

苏派盆景技艺 2011 年被列入国家级“非物质文化遗产名录”。

宜兴紫砂陶制作技艺

申报地区或单位：宜兴市

宜兴独有一种澄泥陶，颜色绛紫，其制品通称“紫砂器”，也称“紫砂”。宜兴紫砂陶制作技艺历史悠久，从明清开始就已经具有了相当大的知名度，畅销国内外。宜兴紫砂陶以其独特的原料材质，精湛的手工技艺，古朴的自然色泽和百态千姿的造型艺术，在工艺美术苑林中独树一帜。

紫砂陶以特产于宜兴的一种具有特殊团粒结构和双重气孔结构的紫泥、朱泥、本山绿泥等为原料，采用全手工的拍打镶接技法，经过打泥片、拍打身筒（圆器）、镶接身筒（方器）或镶接与雕塑结合（花器）、表面修光、陶刻装饰等步骤制作而成。这种成型工艺与世界各地陶器成型方法都不相同，是宜兴历代艺人根据紫砂泥料特殊分子结构和各式产品造型要求所创造的。清末有用模制或辘轳成型的工艺，不论圆、腰圆、四方、六面、侧角、高矮曲直都可以随意制作，同时还为造型的平面变化提供了条件，这就形成紫砂结构严谨、口盖紧密、线条清晰等工艺特点。紫砂壶盖的制作最能显示出其工艺技术水平。圆形壶盖能通转而不滞，准合无间隙，摇晃、倒茶也没有落帽之忧；六方壶盖则无论从任何角度盖上均能吻合得天衣无缝。所有这些独特的高难度的成型技法，是其他陶瓷产品无法比拟的。

宜兴紫砂陶种类众多，有壶、杯、碟、瓶、盆、文具雅玩、人物雕塑等。其中的茶具为代表之作。宜兴紫砂壶，造型千变万化，不仅有极高的艺术价值，而且具有其他茶具无可比拟的独特优点，紫砂茶具表里不施釉，具有良好的透气性，所烹之茗醇芳隽永，泡茶不走味，贮茶不变色，越宿不易馊；泡茶沏以开水时，冬不易冷，夏不炙手；赏用日久，越安放细润，光洁古雅，有“世间茶具称为首”的美誉。

宜兴紫砂陶土的品种繁多，因此我们所见的紫砂茶具的颜色也五彩缤纷。天然紫砂泥质有红泥、紫泥、本山绿泥（呈米黄色）、天青泥（堪称泥中黄金，出矿时呈绿颜色，十分难得）和调砂泥。紫砂茗壶的造型千姿百态，有朴实的实用造型，也有奇巧的怪异造型，但总括起来分为以下几类：几何型、自然型（花素器）、筋纹器及水平壶和茶器等。在紫砂茗壶发展的不同历史时期，几类造型的壶都有制造，每个时期的主流却有所偏重。

作为上品茶具，紫砂陶与中国传统的茶文化相结合，成为茶文化的重要组成部分。随着中国茶文化的发展，明代晚期以后，紫砂陶制作艺人经过长期探索，创造了陶刻、镶嵌（镶嵌金、银、玉石、色泥、螺钿、红木、瓷花等）、包锡、包漆、泥绘、粉彩、彩釉、珐琅彩、浮雕、镂雕、绞泥、模印、贴饰等一系列装饰技艺。其中最具代表性的是陶刻，它是诗文、金石、书画、篆刻艺术与紫砂制作技艺的完美结合，深符中华民族传统的审美标准，尤与文人阶层的审美情趣相吻合。

经过千百年的传承，紫砂陶器的生存空间、技艺特征、衍生谱系、传统文化内涵等方面，仍呈现良好的状态。但是，由于紫砂制陶的原料是一种稀缺矿产资源，已被过度开发和滥用，再加上产业化的影响，紫砂制陶精品越来越少，杰出的紫砂陶制作技艺受到了严重冲击，传承这一优秀的民间手工技艺已成为一个亟待解决的课题。

宜兴紫砂陶制作技艺2006年被列入国家级“非物质文化遗产名录”。

南京云锦木机妆花手工织造技艺

申报地区或单位：南京市江苏汉唐织锦科技有限公司

“锦”是丝织物十四大类中的一类，外观瑰丽多彩，花纹精细高雅。“锦”起源于中国，已有三千多年的历史。在古代丝织物中，“锦”是代表最高技术水平的织物。我国织锦的产地很广，品种繁多，其中最为著名的有云锦、蜀锦、宋锦和壮锦，并称中国“四大名锦”。

“云锦”是南京传统提花丝织物的总称，其历史可追溯到宋朝在南京设立的官营织造——锦署，以其华贵、多彩灿烂、变换如云霞而得名。云锦在明清时期非常流行，专为宫廷织造，主要用做“御用供品”，供宫廷服饰和赏赐用。直至晚清以后才流传至民间。因现代只有南京一地生产，故通常称为“南京云锦”。

元、明、清三朝都指定云锦为皇室御用贡品。历代统治者相继在南京设立官办织造局，专门管理云锦的生产并垄断了云锦的销售。这在客观上又进一步推动了云锦的发展和繁荣。清康熙、雍正年间，南京云锦生产达到高峰，秦淮河一带机户云集，机杼声彻夜不绝，云锦产量空前。《红楼梦》作者曹雪芹祖上三代四人曾任清代江宁织造官达六十多年。云锦织造鼎盛时拥有三万多台织机，近三十万人以此为生，是当时南京最大的手工产业。

云锦的织造工艺高超精细，通经断纬，挖花妆彩，富有创造性。云锦采用的织机叫大花楼木织机，机长 5.6 米、宽 1.4 米、高 4 米，设计非常科学合理。每台织机分楼上、楼下两部分。织造时，楼上拽花工根据花本要求，提起经线，楼下织手对织料上的花纹妆金敷彩，抛梭织纬，一根纬线的完成，需要小纬管多次交替穿织，自由换色，工艺十分复杂，上下两人配合，一天仅能织五六厘米，所以古人有“寸锦寸金”之说。据说，锦在古代曾作为货币流通过，故“锦”字，从“帛”从“金”。这种织造方法的优点是：一根纬线，通过多次挖花完成，配色自由，不受色种限制，相同的单位纹样，可织成不相重复的色彩，使整件产品典丽和谐。这种独特的织造技艺至今仍无法用现代化机器替代。

“挑花结本”是云锦的又一大工艺特点。由于纹样复杂，往往织一寸锦要有一尺长的花本。形象一点来说，“挑花结本”就好似现在的电脑软件，它将花纹图案色彩用棉底线，按照最古老的结绳方法，编成程序，完成后上机织造。楼上拽花工拽花时相当于在敲电脑键盘，楼下织手相当于电脑屏幕显示，根据织造面，再妆金敷彩，整个工艺妙不可言，充满神奇色彩。

“夹金织银”也是云锦的一大特点，织物显得雍容华贵，金碧辉煌，满足了皇家御用品的需要。正因为长期是宫廷用品，在制作中不惜工本代价，才使云锦后来居上，达到织锦工艺登峰造极的地步。云锦主要有“织金”（用黄金打成箔，切成丝，捻成线织就）、“库锦”、“库缎”、“妆花”四大类品种，用于皇帝龙袍、皇后凤衣、霞帔、嫔妃的丽装靓服、宫廷装饰及坐、褥、靠垫、枕被等实用品。云锦有时还作为朝廷礼品，馈赠外国君主、使臣以及赏赐大臣和有功之人。前三类已可用现代机器生产，惟妆花的“挖花盘织”、“逐花异色”仍只能用手工完成。

云锦的花纹图案布局严谨庄重，变化概括强，用色浓艳，对比性也强，又常以片金勾边，白色相间并以色晕过渡，图案具有浓厚的传统风格，色彩华丽，别具一格。图案的题材广泛，既有大朵缠枝花卉，又有各种动物（如龙凤、仙鹤、狮子等）和植物（如宝相花、莲花、佛手、石榴、梅、兰、竹、菊等），还有表示吉祥的“八宝”、“暗八仙”、“吉祥”、“寿”字、“卍”字，瑞草以及各种姿态的变换云势（如七巧云、如意云、和合云、叶云、行云、卧云、大小钩云等），栩栩如生，如见真情实景。尤其是在纹样中所用的手法更是微妙绝伦，能充分体现宾主呼应，而且花纹层次分明，花清地白，锦空匀齐。在配色方面，则运用了色晕与调和的技法，使纹样色彩美丽动人。

云锦是南京这座著名古都和历史文化名城独特的文化遗产之一，它的产生和发展与南京的历史地位密切相关。南京云锦木机妆花手工织造技艺集历代织锦工艺技术之大成，浓缩了中国丝织技艺的精华，居中国四大名锦之首。

南京云锦木机妆花手工织造技艺 2006 年被列入国家级“非物质文化遗产名录”，2009 年入选世界“人类非物质文化遗产代表作名录”。

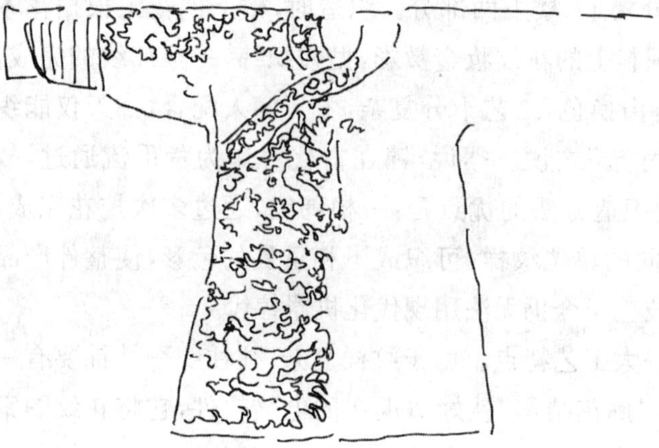

宋锦织造技艺

申报地区或单位：苏州市

宋锦，为宋代发展起来的织锦，因主要产地在苏州，又称“苏州宋锦”。苏州宋锦色泽华丽，图案精致，质地坚柔，是我国古代三大名锦（云锦、蜀锦、宋锦）之一。明清以后织出的宋锦称为“仿古宋锦”或“宋式锦”，统称“宋锦”。宋锦以变化几何形为骨架，内填自然花卉、吉祥如意纹等，配以和谐、对比的色彩，艳而不俗，古朴高雅。正因此，自宋代起，宋锦便取代了秦汉时期的经锦、隋唐时期的纬锦，并在宋、元、明、清得以蓬勃发展。

苏州宋锦的渊源可追溯至春秋时期，后经不断发展，织锦技艺在北宋时期得到了全面的提高。南宋时苏州织锦中出现了一种质地精美、技艺独特的新品种——苏州宋锦，除用于袍服衣着等服饰外，还大量用于书画卷轴装裱之用，品种多达四十多种。特别是在装裱书画中的应用，使这些美丽华贵的织锦与书画珍品一起得以保存。所以后世谈到锦必称宋，宋锦由此得名，并流传至今。

明清时期，苏州又有著名的苏州织造府，其宫廷织造和民间丝织产销两旺，素有“东北半城，万户机声”之称。苏州生产的宋锦，织工精细，艺术格调高雅，具有宋代以来的传统风格与特色，与元明时期流行的光泽艳丽的织金锦、妆花缎等品种有着明显的区别。传统宋锦的生产制作工序很多，从缫丝染色到织成产品，前后要经过二十多道工序。其产品采用了经线和纬线联合显花的组织结构，应用了彩抛换色之独特技艺，织物表面色线和组织层次更为丰富。这一技艺特征被后来的云锦所吸收，并一直流传到当代的织锦技艺上。

宋锦根据织物的结构、技艺的精粗、用料的优劣、织物的厚薄以及使用性能等，分为重锦、细锦、匣锦和小锦四类，也可以将重锦、细锦归纳为大锦，即大锦、匣锦和小锦三类，它们各有不同的风格和用途。大锦包括全真丝宋锦、交织宋锦、真丝古锦、仿古宋锦等品种，常用于装裱名贵书画和装潢高级礼品盒。匣锦，常用于装裱一般书画的立轴、屏条等。小锦，包括月华锦、万字锦和水浪锦三种，多用于装饰小件工艺品的包装盒。

大锦是宋锦中最有代表性的一种，其质地厚重精致，花色层次丰富。其中的重锦则是最贵重的宋锦品种，在纬线上大量使用捻金线或片金线，并采用多股丝线合股的长抛梭、短抛梭和局部特抛梭的织造工艺技术，图案更为丰富，常用图案有植物花卉纹、龟背纹、盘绦纹、八宝纹等，产品主要是宫廷、殿堂里的各类陈设品及巨幅挂轴等。故宫博物院收藏的《极乐世界织成锦图轴》就是乾隆时期苏州生产的重锦，堪称稀世珍宝。

宋锦的特色是彩纬显色，以三枚斜纹组织、两种经丝（面经为生白丝，底经用色熟丝）、三种纬丝（纹地兼用的色纬，纹地专用的色纬）织成。纹样繁复，配色淳朴，质地坚柔，平伏挺括。织造中采用分段调换色纬的方法，使得宋锦绸面色彩丰富，纹样色彩的循环增大，有别于云锦和蜀锦。宋锦的纹样具有特定的风格，一般为格子藻井等几何框架中加入折枝小花，配色典雅和谐，主要品种有“八达晕”、“水藻戏鱼”、“倒仙牡丹”等等。

宋锦风格独特，在纹样组织上精密细致，质地坚柔，平伏挺括；在图案花纹上对称严谨而有变化，丰富而又流畅生动；在色彩运用上艳而不火，繁而不乱，富有明丽古雅的韵味。宋锦不仅是苏州这座丝绸古城优秀丝绸传统文化的重要组成部分，也是中国丝绸传统技艺杰出的代表，具有很高的历史文化价值。

宋锦织造技艺 2006 年被列入国家级“非物质文化遗产名录”，2009 年与苏州缂丝织造技艺一起作为中国传统桑蚕丝织技艺被列入世界“人类非物质文化遗产代表作名录”。

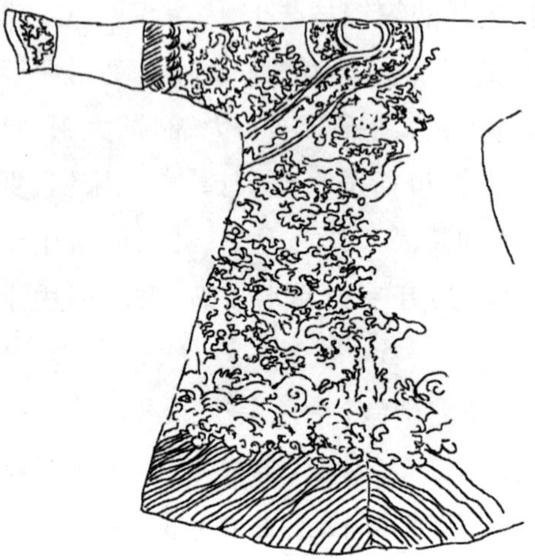

苏州缂丝织造技艺

申报地区或单位：苏州市

缂丝，又名刻丝，是中国古老、独特的一种传统织造工艺。缂丝织造技艺是使用古老的木机及若干竹制的梭子和拨子，经过“通经断纬”，将五彩的蚕丝线缂织成一幅色彩丰富、色阶齐备的织物的技艺，是最早用来制造艺术欣赏品的丝织物的技艺。这种织物具有图案花纹不分正反面的特色。在图案轮廓、色阶变换等处，织物表面像用小刀划刻过一样，呈现出小空或断痕，“承空观之，如雕镂之象”，因此得名“缂（刻）丝”。苏州缂丝素以制作精良、浑朴高雅、艳中且秀的特点，在丝织品中列为最高品第。

缂丝大约起源于公元 7 世纪，隋唐渐趋成熟，至宋代，在中国织造史上已占有突出的地位。南宋时，苏州的缂丝生产已有一定规模。明代以后，缂丝技艺在苏州市区及周边的蠡口、陆慕、黄桥、光福、东渚等地广为流传，成为当地最具代表性的文化表现形式之一。明代苏州缂丝织造技艺更为精湛，以御用缂丝龙袍及缂丝书画中的开相织品著称。到了清代，出现了缂、绘结合的新技艺。

缂丝的制作工艺分为嵌经面、画样、织纬和整理等十多道工序。织纬的基本技法主要有勾、戗、绕、结、掼，另有“盘梭”、“笃门闩”、“子母经”、“合花线”等多种特种技法，依不同的画面要求灵活运用，以表现各种不同的艺术效果。其中，“结”是单色或二色以上在纹样竖的地方或较陡的纹样上采取有一定规律的面积穿经和色方法；

“掼”是在一定坡度的纹样中(除单色外)按色之深浅有规律、有层次排列,如同叠上去似的和色方法;“勾”是纹样外缘一般均用较本色深的线,清晰地勾出外轮廓,如同工笔勾勒一般;“戗”又叫镶色,是用两种或两种以上(甚至更多)深浅色调和,运用戗头相互伸展起到工笔渲染效果,表现纹样质感。

缂丝的整个工艺过程一般可概括为四步:第一步是把经丝上到木机上,包括落经线、牵经线、套扣、弯结、嵌后轴经、拖经面、嵌前轴经、捎经面、挑交、打翻头、拦经面;第二步,用墨笔把纹样勾画在经面上;第三步是织纬;第四步,修剪反面的毛头。1949年以后,缂丝技艺不断发展提高,缂丝作品更加精美,无论是博古花鸟还是山水人物,都以独特的艺术形象和审美情趣赢得了高度的赞誉。

缂丝能自由变换色彩,因而特别适宜制作书画作品。缂织彩纬的织工须有一定的艺术造诣。缂丝织物的结构则遵循“细经粗纬”、“白经彩纬”、“直经曲纬”等原则。即本色经细,彩色纬粗,以纬缂经,只显彩纬而不露经线等。由于彩纬充分覆盖于织物上部,织后不会因纬线收缩而影响画面花纹的效果。

缂丝作为最早用于艺术欣赏的丝织物,素以制作精良、古朴典雅、艳中带秀见称,被誉为“织中之圣”,而且经得起摸、擦、揉、搓、洗,所以又有“千年不坏艺术织品”之誉称。缂丝作品具有很高的观赏价值,历代缂丝精品中蕴含着丰富的文化信息,缂丝技艺体现了传统文化的特色,具有很高的文化与科学价值。

苏州缂丝织造技艺2006年被列入国家级“非物质文化遗产名录”,2009年与宋锦织造技艺一起作为中国传统桑蚕丝织技艺被列入世界“人类非物质文化遗产代表作名录”。

香山帮传统建筑营造技艺

申报地区或单位：苏州市

香山帮是一个以苏州市吴中区胥口镇为地理中心，以木匠领衔，集泥水匠、漆匠、堆灰匠、雕塑匠、叠山匠、彩绘匠等古典建筑工种于一体的建筑工匠群体。他们将建筑技术与建筑艺术巧妙结合起来，创出了中国建筑史上的重要一脉——香山帮。以香山帮模式建造的房子，就叫“苏派建筑”。

香山帮起源于春秋战国时期，形成于汉晋，在明清时达到巅峰。早期的香山匠人以木工、泥水工为主体，木雕由木工兼营，砖雕由泥水匠兼任。明清以后，随着建筑雕刻风格日益细腻繁琐，业务需求量大增，香山匠人的分工也不断向专业化方向发展。香山帮逐渐形成了一个集木作、泥水作、砖雕、木雕、石雕、彩绘油漆等多种建筑工种为一体的庞大群体。据称，香山一带工匠最多时有五千多人。

香山帮的建筑技艺，在土木工程上秉承了中国传统建筑的营造法式，有着浓厚的地方特色，在建筑装饰上则以苏式风格的木雕、砖雕、彩画见长。香山工匠的木雕工艺精良，向来与浙江金华、东阳木雕并驾齐驱。砖雕在苏州民居建筑中得到了广泛运用和发展。香山匠人的砖雕，以线条蜿蜒有力、形象生动传神、风格柔顺秀逸、图案寓意吉祥、情趣雅俗兼备、刀法洒脱而著称于世。

数百年来，苏州工匠以擅长复杂精细的中国传统建筑技术而远近闻名。香山帮建筑色调和谐、结构紧凑、制造精细、布局机巧。香山帮历史上曾涌现出许多大师，如杨惠之、蒯祥和姚承祖等。蒯祥、主持明皇宫三大殿、天安门和王府六部衙署的营造，发明创造了“金刚腿”，被明宪宗皇帝誉为“蒯鲁班”，是香山帮的鼻祖。姚承祖的传世之作有现存怡园的藕香榭、灵岩山寺的大雄宝殿、香雪海的梅花亭，他撰写的记述香山帮传统技法的专著《营造法原》被誉为“中国苏派建筑的宝典”。香山帮凭借北京故宫、天安门和苏州园林等举世闻名、精美绝伦的建筑作品在中华建筑史上留下了光辉的篇章。

近年来，香山工匠不仅把传统的建筑工艺带到全国各地，还跨出国门，在异国他乡建造起一座座中国风情的仿古园林。香山帮工匠先后在加拿大、新加坡、澳大利亚、日本、美国、西班牙、俄罗斯、南非等国家和地区，以苏州古典园林为蓝本，建造了仿古园林、各种单体建筑、小品陈设和园林微缩模型，成为传播中国文化的使者。

香山帮传统建筑营造技艺 2006 年被列入国家级“非物质文化遗产名录”，2009 年作为中国传统木结构营造技艺的一个重要组成部分被列入世界“人类非物质文化遗产代表作名录”。

南通蓝印花布印染技艺

申报地区或单位：南通市

南通蓝印花布传统印染技艺是指民间利用蓝草色素染布的技艺。南通是江浙一带蓝印花布的主要产地。南通蓝印花布是最具代表性的传统手工艺品之一。

民间利用蓝草色素染色可以追溯到春秋战国时期，后来蓝靛发展成为蓝染技艺，至今已逾千年。明清以来，江苏南通是中国棉纺织基地，所印制的蓝印花布"衣被天下"。随着棉纺手工业的发展，蓝草大量种植，染坊相继增加。蓝印花布的染料以蓝草为主要原料，蓝草依其科属的特性与生长环境，主要分为四种，即蓼蓝、山蓝、木蓝、菘蓝。江苏以盛产蓼蓝闻名。在明清时期，南通的染织蓝印花布的作坊已发展成有规模的街市，就地取材的染布原料、自纺自织的便利工艺，使江苏地区染织业迅速发展，并逐渐成为全国知名的特产地。

蓝印花布以和谐的蓝白之美闻名于世，最典型的就是蓝底白花和白底蓝花的图案。蓝底白花，只需一块花版，构成的花纹互不连接。白底蓝花一般采用两块花版套印，印第一块花版称"头版"，待稍干后，再印第二块花版，称"盖版"。盖版是把第一块花版的连线部分遮盖起来，使纹样连接自然。白底蓝花的印制手法难度较大，一般出自民间艺人高手。这种蓝白底相交的传统工艺有着繁杂的制作工艺流程。南通民间蓝印花布全凭人工手纺、手织、手染而成。其图案全凭手工镂刻，每幅刻好的纸版都似剪纸艺术，具有粗犷、明快的风格，其艺术形象往往高度概括和夸张，有着浓郁的地方特色。

南通是全国研究、开发和生产民间蓝印花布的重点地区，被誉为“中国蓝印花布之乡”。南通蓝印花布博物馆搜集明清以来蓝印花布实物及图片资料一千多件，设计、开发蓝印花布系列产品百余种，整理出版了《中国蓝印花布纹样大全》“藏品卷”、“纹样卷”等，展现出南通印染技艺的风采和魅力。

南通蓝印花布印染技艺 2006 年被列入国家级“非物质文化遗产名录”。

苏州御窑金砖制作技艺

申报地区或单位：苏州市

所谓“金砖”，实际上是规格为二尺二、二尺、一尺七见方的大方砖的雅称。据古籍《金砖墁地》记载，金砖是专为皇宫烧制的细料方砖，其颗粒细腻，质地密实，敲之作金石之声。又因金砖制成后要运至北京的京仓，以供皇宫专用，故又有“京砖”之称。

苏州的砖瓦制造历史悠久。战国时期营造的苏州土城，少数城门与水关已用砖石、木料结合砌筑。唐代苏州砖瓦制造业已十分发达，砖瓦普遍用于城乡民居建筑。明永乐年间，明成祖朱棣迁都北京，大兴土木建造紫禁城。经苏州香山帮工匠的推荐，明宫中特地派官员到苏州陆慕监制金砖。由于陆慕镇的黄泥适宜制坯成砖，且做工考究、烧制有方、技艺独特，所产金砖细腻坚硬，“敲之有声，断之无孔”，所以永乐皇帝赐封陆慕砖窑为“御窑”。北京故宫的太和殿、中和殿和天安门城楼所铺设的就是御窑金砖。

御窑金砖制作技艺繁复，工序多达二十余道，其中主要工序有选泥、练泥、制坯、装窑、烧制、窨水、出窑、打磨等。道道工序环环紧扣，一道不达，前功尽弃。用金砖铺成的地面具有光润耐磨、愈擦愈亮、不滑不湿等特点，既可防止地下潮气上升，又能把宫殿衬托得更加雄伟壮丽，把豪宅古居装点得更加富丽堂皇。御窑金砖具有很高的实用价值和观赏价值，是我国民族建筑文化中的一颗璀璨明珠。

御窑生产的万余块金砖和各类古建筑砖瓦、构件，不仅被全国各地的古建筑修复和仿古建筑工程所用，而且还漂洋过海，远销美国、加拿大、日本、澳大利亚、新加坡等国家。

苏州御窑金砖制作技艺 2006 年被列入国家级“非物质文化遗产名录”。

南京金箔锻制技艺

申报地区或单位：南京市

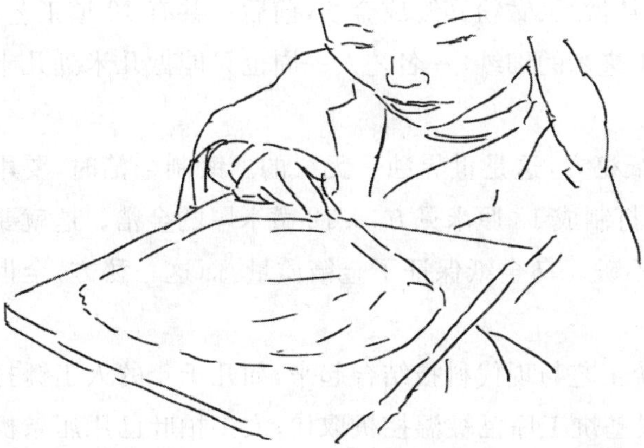

中国金箔起源于南京，而南京金箔则起源于龙潭花园一带，这里曾分属句容县和江宁县。这一带农户均有“打箔”、“制线”的手艺，且世代相传。金箔锻造技术就是指将黄金锤打制成超薄的金薄片。金箔常用来装饰佛像或是器具。金陵金箔生产工艺独特，技术要求很高，从古代开始，一直为手工锤制，是我国特种传统工艺。

江苏南京的金箔工艺始于东晋。相传东晋葛仙翁（葛洪）是金箔锻制的始祖，相传葛仙翁和吕洞宾打赌为菩萨塑金身，葛仙翁在处于下风的情况下创造了打金箔技术，从此打箔作为手艺而流传下来。

据说，南京最早打金箔的有刘、葛、印三大姓，刘姓打金箔，葛姓切金箔，印姓制金线。在南京龙潭、江宁等地，金箔的生产过程仍然延用古代传下来的十几道工序，分别为倒条、下条、拍叶、做捻子、打开子、出具、切金箔、检验包装等。其中打箔最为辛苦，须把一块金“疙瘩”打成 0.1 微米左右的薄片。两个人面对面打，要打上万次。经锤打出来的金箔，薄如蝉翼，软似绸缎。经科学测算，943 张金箔厚仅 1 毫米，1 万张金箔重仅 178.125 克，打制技艺之精可见一斑。与金箔相比，金线虽只是金箔的附加产品，其制作工艺却远比金箔复杂。金线是将金箔贴在特殊的纸张上，用雨花石或玛瑙石抛光后切成丝，再将其捻成圆的金线。从做纸、做粉到终成金线，前后一共有 12 道工艺，之后才能将金箔搓成直径不到 1 毫米的细纱，一名艺人一周也只能做几米到几十米金线。

金箔技艺最核心的是乌金纸秘方，这是世界独一无二的。锻制金箔时，要用乌金纸包好金片，通过几万次锻打制成 15 厘米见方、0.12 微米厚的金箔。这就要求乌金纸耐冲击、耐高温、薄而不破。乌金纸保证了金箔质量，而这一秘方，全世界也只有两个人掌握。

现代的金箔艺人将古老传统工艺与现代科技结合起来，如几千年的人工锤打已被机械打箔机替代；古老的炭基炕工序已被温控机取代；人工拍叶已用压条机劳作；后来的黄金检测已替代了老艺人眼看、手摸、舌舔黄金成色的工序；用科学方法生产出锤打金箔最为关键的衬托纸，品质更加稳定。虽然后来的金箔制造大部分被机器流水线代替，但仍有大量的工艺流程是机器无法替代的。如“做捻子”，即把经过初步打压的 10 微米薄的金叶粘在两张纸中间包起来，然后才能放到机器上继续锤打；而“出具”，则是把打好的厚度只有 0.1 微米的细金箔挑出来，这就非得“功力深厚”的师傅用鹅毛轻轻地挑才行，否则会前功尽弃。正是这些古老的非物质文化遗产，保证了南京金箔参与国际竞争时的品质优势。

南京金箔具有广泛的用途，传统的贴金工艺主要用于装饰宫殿、庙宇。南京金箔在食用、化妆、建筑、工艺、装饰等众多领域得到了广泛的开发和利用。中国出口的真金箔名扬世界，已远销到意大利、美国、德国、日本、土耳其、埃及等四十多个国家和地区。随着现代化生产工艺的发展，金箔制作部分走上了工业化道路，拓宽了金箔的应用范围。

南京金箔锻制技艺 2006 年被列入国家级“非物质文化遗产名录”。

扬州漆器髹饰技艺

申报地区或单位：扬州市

扬州漆器历史悠久，技艺精湛，风格独特，是中国传统的特种工艺品，主要分布于扬州市及其周边区域。

扬州漆器髹饰技艺发端于战国时期，广泛应用于两汉。至唐代，夹苎脱胎干漆造像、金银平脱、螺钿镶嵌等工艺已相当成熟。明清两代，扬州漆器发展空前鼎盛，民间作坊林立，扬州成为全国漆器的制作中心。现代的扬州漆器艺术已达到了炉火纯青的程度，工艺种类齐全，精品佳作迭出。扬州漆器工艺精巧，绚丽多彩，典雅华贵，格调清新，极富东方神韵。

扬州漆器在工艺上采用涂、绘、勾、刻、填、雕、镂、磨、镶、嵌等多种手法，其制作技艺主要有九大门类：点螺工艺、雕漆嵌玉工艺、平磨螺钿工艺、楠木雕漆砂砚工艺、雕漆工艺、刻漆工艺、彩绘（雕填）工艺、骨石镶嵌工艺、磨漆画制作工艺。点螺工艺为国家重点保护的高档工艺。"点"指的是技法，"螺"指的是材料。该工艺选用具自然色彩的夜光螺等高档材料精制成薄如蝉翼、小如针尖、细若秋毫的螺片，经过精致的髹漆工艺，使得点螺漆器具有图案精致、色彩绮丽、随光变幻的艺术风格。雕漆嵌玉为扬州独有的名贵漆器工艺品种。须先在所制器物之上髹涂近百层到几百层中国大漆，并按事先设计的稿件在漆面上雕刻各种图案和锦纹。雕漆嵌玉漆器具有色泽纯正、刀法圆润、纹样精美、图案生动的艺术特点。平磨螺钿工艺具有浓郁的扬州地方特色，该工艺选用优质的珍珠贝等材料，产品具有光亮如镜、清丽照人、高雅素洁的艺术效果。楠木雕漆砂砚工艺，质地细润、坚而不顽、细而不滑，不吸水、发墨快、不伤毫，可与端、歙二砚媲美。

扬州漆器平、亮、细、匀、艳、雅，具有很高的审美价值和实用价值。扬州漆器两千多年来积淀了极其厚重的历史文化底蕴，扬州漆器文物对研究古代墓葬习俗、古代建筑装饰、古代纹样具有重要价值。

扬州漆器髹饰技艺 2006 年被列入国家级“非物质文化遗产名录”。

镇江恒顺香醋酿制技艺

申报地区或单位：镇江市

镇江恒顺香醋创始于1840年，为中国四大名醋之一，是江苏著名的特产。《中国医药大典》称："醋产浙江杭绍二县为佳，实则以江苏镇江为最。"如今这一产品拥有"中国驰名商标"、"中国名牌"、"国家免检产品"、"原产地域保护产品"、"绿色食品"等众多荣誉，成为镇江市的城市名片。

镇江香醋在中国诸多醋品中别具一格。其酸而不涩，香而微甜，色浓味鲜，愈存愈醇，在同行产品中不仅色、香、味独占鳌头，而且各项理化指标，特别是氨基酸含量也位居首位，这都源于其得天独厚的地理环境和独特的酿制工艺。镇江恒顺香醋原料考究，精选江浙鱼米之乡的优质糯米及酒糟酿制而成，故有"米醋"、"糟醋"之称。恒顺香醋生产采用优良的酸醋菌种，所用的固态分层发酵生产技艺在中国酿醋业独树一帜。这套制醋技艺分制酒、制醅、淋醋三大过程，大小四十多道工序，从糯米原料处理到食醋成品前后历经七十来天时间。镇江恒顺香醋酿制技艺是我国酿醋行业里少有的几种传统酿造工艺之一，固态分层发酵法酿醋技艺使镇江香醋独具色、香、酸、醇、浓五大特色。镇江恒顺香醋酿制技艺是中国南方醋最优秀技艺的代表，是我国古老酿醋技艺中的精华。

镇江恒顺香醋采用独特的传统工艺，工序复杂，操作细致，要求严格。其品质优良，久享盛誉。恒顺香醋传统酿制技艺早融入镇江的地方文化，成为镇江不可缺少的传统特色文化和对外交往的城市名片。

镇江恒顺香醋酿制技艺2006年被列入国家级"非物质文化遗产名录"。

雕版印刷技艺

申报地区或单位：扬州市

雕版印刷在印刷史上有“活化石”之称，雕版印刷最早出现在中国，现存最早的雕版印刷品是868年的《金刚经》（现存大英博物馆），不过雕版印刷可能在大约两千年以前就已经出现。扬州是中国雕版印刷术的发源地，是中国国内唯一保存全套古老雕版印刷工艺的城市。

古代雕版印刷图书，按其组织形式可分为官刻、坊刻和家刻，传承的特点各不相同。官刻是由官方从各地征集优秀匠人集中刻印图书。匠工们来自四面八方，在一起相互交流技艺，对雕版印刷术的提高和推广起到了重要作用。坊刻是由坊主聘请雕版印刷艺人，集中于书坊内刻印图书，其选题与刻印种类都与坊主的学识水平、兴趣爱好有着密切关系，长此以往，便逐步形成某个书坊独特的刻印风格或在某个地区形成坊刻的流派。清末至民国期间，雕版印刷走向衰微，能够传承与延续下来的一支主要力量便是坊刻。最后是家刻，他们以家族传承或拜师带徒的方式传承下来。

雕版印刷的第一步是制作原稿，再将原稿反转过来摊在平整的大木板上并固定好，然后由各种技术水平的工匠在木板上雕刻原稿上的画或文字，大师级雕工负责精细部分，比较便宜的木头或比较不重要的部分则由较低级的工匠来做。木板刻好后刷上墨，在印刷机中加压形成原稿的复制品。

雕版印刷术是一种具有突出价值且民族特征鲜明、传统技艺高度集中的人类非物质文化遗产。它凝聚着中国造纸术、制墨术、雕刻术、摹拓术等几种优秀的传统工艺，最终形成了这种独特的文化工艺。它为后来的活字印刷术奠定了基础，是现代印刷术的最古老的技术源头，对人类文明发展有着突出贡献。它的实施为文化传播和文明交流提供了最便捷的条件。换句话说，在中国的四大发明中，有两项发明，即造纸术和印刷术与它直接相关，这在中国其他传统工艺中是罕见的。

2006 年雕版印刷技艺经国务院批准列入第一批国家级“非物质文化遗产名录”。2009 年，由扬州广陵古籍刻印社、南京金陵刻经处、四川德格印经院代表中国申报的雕版印刷技艺正式入选世界“人类非物质文化遗产代表作名录”。

金陵刻经印刷技艺

申报地区或单位：南京市

金陵刻经处是由我国近代佛教文化复兴的奠基人杨仁山于1866年在南京创办的我国著名的佛教文化机构。金陵刻经处位于南京市白下区，收藏佛经版125 318块、大型佛像版18块，也是融古代经书、经版收藏、经书雕刻、印刷、流通及佛学研究于一体的佛经出版机构，百余年来在国内外享有盛誉。

金陵刻经保持了中国古代传统的木刻水印技艺，它由三个环节组成。首先是刻版，包括写样、上样、雕刻等工序；然后是印刷，包括放版、刷墨、复纸、压擦、揭纸等工序；最后是装订，包括分页、折页、撮齐、捆扎压实、数书、齐栏、串纸捻、贴封面封底、配书、切书、打装订眼、贴书名签条等工序。金陵刻经处的木刻水印技艺是在世界印刷史上占重要地位的中国古老雕版印刷的遗存。

金陵刻经印刷技艺在学术界占有重要地位。南京大学的印刷史课程、上海复旦大学的古籍版本课程，都有金陵刻经处的印刷技艺内容。国外的印刷史研究专家学者也常来参观，他们称赞金陵刻经处是“活的古代印刷博物馆”。

金陵刻经处正式成立后，杨仁山对各类佛教典籍热心搜求，并先后从日本和朝鲜等国寻回了《中论疏记》、《百论疏》、《唯识二十论述记》、《因明入正理论疏》、《华严三昧章》等约三百种国内早已散佚的隋唐佛教著述，加以刻印流传，使得三论宗、慈恩宗、华严宗等佛教宗派教义复明，以便后人研讨。在杨仁山的精心策划下，金陵刻经处还先后刊刻了《大藏辑要》，选佛典465种，计3300卷，另印刷佛像10万余张。金陵刻经处于光绪年间雕刻的“慈悲观音像”、“灵山法会图”等18幅佛像版艺术价值极高。这些佛像版规模之大、雕刻技艺之精湛、保存之完好令人叹为观止。此组佛像版为国内仅有，所雕人物形象庄严华妙，实为版画艺术和文物之珍品。

出于弘扬佛法的考虑，杨仁山还为金陵刻经处规定了“三不刻”例，即疑伪者不刻，文义浅俗者不刻，乩坛之书不刻。他曾说：“鄙人志愿，亟望金陵刻经处刻成全藏，务使校对刷印，均极精审，庶不致贻误学者。至他处所刻未精之本，听其自行流通，本处概不与之合并成书。”这固然是杨仁山立身做人的正直与研究学问的严谨的体现，也是金陵刻经处长盛不衰的根本原因。由于金陵刻经处刊印流通的经书有不少是中国古代失传的佛典，加之刻版采用了经文与注疏结合的方式，且划分段落，添加句读，并经严格校勘，各方信士皆誉其为“最精善之佛典版本”。

金陵刻经处是中国目前唯一的刻印流通木版佛经的场所，也是中国近现代佛教史上历史悠久、影响广泛的佛教文化机构。它以佛学研究为基础，从事印经、讲学等事业，不仅促进了中国近代佛学的复兴，而且对中华传统文化的保存和延续以及中外学术文化交流作出了重要贡献。

金陵刻经印刷技艺2006年被列入国家级“非物质文化遗产名录”，2009年作为中国雕版印刷技艺的重要组成部分被列入世界“人类非物质文化遗产代表作名录”。

制扇技艺

申报地区或单位：苏州市

苏扇历史悠久，以雅致精巧见称，故又称“苏州雅扇”，历来是文人雅士不可或缺的掌中宝物。

南宋时苏州便有人自制折扇，到明宣德年间设作坊生产，清顺治年间苏扇成为皇家贡品，制扇业异常兴盛。苏州雅扇包括折扇、檀香扇和绢宫扇三大类，有不少名品面世，如著名的乌竹骨泥金扇，后又谓“吴中折扇，凡紫檀、象牙、乌木作股为俗制，惟棕竹、毛竹为之，称怀袖雅物”。折扇的扇骨制作以变化丰富和精工细致闻名，打磨后的竹折扇骨匀细光洁，高雅古朴。随着历史发展，水磨骨玉折扇的造型和装潢日趋精细文雅，扇骨从“十六方”改进和发展到修长素雅的“十八方”，花色扇头有排茄、古方、燕尾、玉兰、梅花和竹节等几十余种。制扇艺人在竹骨上运用磨、漆、雕、嵌，并采用浅刻、深刻等技巧，雕上花、鸟、虫、草、山水、人物、博古、仙女、钱币、钟鼎等并篆隶和诗词歌赋。在扇面上作画、题诗，是苏州文人的一大爱好。扇面画已独立成为绘画中的一个门类，或绘以鲜艳的牡丹，或绘以清逸的山水，配以相同题材的诗词，“雅扇”之名名副其实。

我国的扇子品种甚多，而苏州的水磨骨折扇、檀香扇久负盛名，誉满中外。苏州又是檀香扇的发源地，檀香扇是从清末以檀香为骨的折扇演化发展而来的扇种。以檀香制扇，散发天然香味，并采用拉花、烫花、雕花、画花工艺，扇面上绘山水花鸟，休闲雅致。

苏州雅扇集各种精湛工艺于一身,包括造型、装裱、雕刻、镶嵌、髹漆等工艺。把吴地的山山水水、花鸟人物浓缩其上,其精湛的工艺构成了吴文化中绚烂多姿的篇章。

苏州制扇技艺2006年被列入国家级"非物质文化遗产名录"。

剧装戏具制作技艺

申报地区或单位：苏州市

剧装戏具制作是苏州一门独特的手工技艺，起源于明代中叶，它是与当时“南戏北调”中最为典雅优美的昆曲相伴而生的。明清以来，苏州一直是丝绸和棉布的主要产地，苏州的刺绣也因技艺精湛而名闻海内外。在此前提下，苏州剧装戏具制作具备了其他地区所无法比拟的优势。20世纪30年代，京剧界最负盛名的梅兰芳、程砚秋、荀慧生、尚小云四大名旦的剧装均在苏州定制。

苏州剧装戏具门类齐全，品种丰富，图案独特，色彩雅丽，工艺细致，制作精良。现全国仅有苏州能胜任戏衣、盔帽、靴鞋、刀枪、口面、头饰六大类千余个品种的制作，其中戏衣类378种，戏帽类246种，刀枪类276种，戏靴类41种，髯口头面类79种，头饰光片类23种。

苏州剧装戏具每个品种的工艺均各有特点，迄今仍用一件一制的方式手工制作，经刺绣、成合、缝制而成。各种图案的选用沿袭了传统表现手法和文化元素，刺绣色彩更显出苏州水乡淡雅秀丽的特色。它融合了绘画、刺绣、色彩、历史、文学等文化艺术元素，结合造型、印绘、缝制、制革等手法，形成了独特的、系统的手工制作技艺。

苏州剧装戏具制作自明代开始形成规模，其主要价值不仅是它汇集了多种传统手工艺，而且在长达五百年的历史发展过程中，伴随着中国戏曲的发展，形成了为戏曲配套的各种戏衣和道具，同时形成了千锤百炼的独特的手工艺体系。正是有了技艺精湛、制作精良的剧装戏具，才有了丰富多彩的舞台。剧装戏具制作技艺不仅具有历史价值、实用价值，也有独到的艺术和文化价值。

苏州剧装戏具制作技艺 2006 年被列入国家级“非物质文化遗产名录”。

南通板鹞风筝制作技艺

申报地区或单位：南通市

古人在纸鹞上以竹丝为弦，风吹有声，如筝鸣响，故名风筝。我国风筝素有“北鸢南鹞”之称，南通板鹞风筝是“南鹞”中最具代表性的品种。它起源于北宋年间，因其造型如一平板而得名。又因其独特的“哨口”设计，放上天时，“得风则鸣，其声随风抑扬”，故有“空中交响乐”之美誉。

南通是中国四大风筝产地之一，其板鹞风筝独步天下。板鹞硕大无比、平整如板，以六角形为基础，通过组合变化，形成串连星式南通风筝。南通板鹞风筝的基本特征在于“哨口”设计，哨口的大小形状和材料的差异，使发出的音量、音质、音调千变万化。哨口板鹞集雕、扎、书、画、绣等多种工艺于一体，工艺精湛，不仅是极有观赏与收藏价值的艺术珍品，而且在放飞中稳定、优美，哨音和谐而有节奏，与北派风筝相比，更显精巧细致、灵活美观。

南通板鹞风筝制作技艺 2006 年被列入国家级“非物质文化遗产名录”。

金银细工制作技艺

南京金银细工制作技艺(申报地区或单位:南京市)

南京宝庆银楼创建于清嘉庆年间,从事金银细工制作已两百年。民国时期,宝庆工艺居南京众银楼之首。宝庆银楼传统金银饰品从工艺上继承和光大了古代江南金银制品特色,风格上又糅合了北派技艺,加上金银原料熔炼技艺超群,造型上富有时代气息,因此形成了宝庆银楼金银细工制作技艺的特有风格和特征。

南京金银细工制作技艺 2008 年被列入国家级"非物质文化遗产名录"。

江都金银细工制作技艺(申报地区或单位:扬州市)

扬州古称江都,扬州的传统金银饰品工艺起源于两汉,隋唐时已非常繁荣,在明清时达到巅峰。

扬州金银饰品在各个不同的历史时期,都具有各自不同的艺术风格和工艺特色。汉代开始出现了金银簪钗和金银器具,其纹饰简单,原始质朴,但朴中见美。唐代是我国金银器制作的繁荣时期,当时的扬州是金银的贸易中心。由于上层社会大量使用金银器,金银细工非常出色,除首饰外,还发展了錾花金银器。器物造型规整而有变化,杯、盘、碗口多作菱花形。在造型优美的器物上,錾出点、线、面构成的装饰纹样，与金银表面的光泽相映成辉。唐代的金银饰品已是工艺繁复、绚丽夺目，有的丰腴肥厚、光彩照人，有的细长纤秀，犹如嫩柳细枝。宋代的金银饰品轻薄精巧，重洗练、恶琐碎，求清新而忌繁乱，有的簪身光洁无纹，但顶饰梅花、荷莲，和谐淡雅。元代金银饰品多为素面，成色精纯，华丽多姿者极少。明代金银饰品做工精细，玲珑别致，多见仙佛道教及缠枝蔓草纹饰。清代是簪钗等金银饰品最辉煌的时期，其工艺精湛，纹饰繁密瑰丽，再配合名贵玉石和彩色珐琅，实是五彩缤纷，美不胜收。清代，扬州金银饰品工艺中的“掐丝珐琅”名重京师，产品镀金厚重，造型华美，色彩和谐，掐丝图案丰富多变，别具风格。清宫养心殿、怡和轩、守望阁等内廷居室中的陈设、装饰和为数众多的掐丝珐琅器物均为扬州艺人所制。

由于江都的银楼、银铺和作坊自古以来都是民间私营，因此，从其诞生之日起就与官方金银饰品工艺有着不同的风格和流派。扬州传统金银饰品工艺经过历代工艺大师的传承和完善，逐步形成了清秀典雅、精湛细腻、雅俗兼备、玲珑靓丽的独特风格和古朴清新的艺术流派。江都传统金银饰品在题材内容上贴近生活，受地方文人文化和民俗文化的影响，尽现江南水乡和江淮南部的地方特点，南柔北刚兼而有之。在做工上讲究精美、纤巧、靓丽，工不厌精、精不厌细，代表了南方实镶工艺的最高水平。

江都金银细工制作技艺 2008 年被列入国家级“非物质文化遗产名录”。

苏州民族乐器制作技艺

申报地区或单位：苏州市

苏州的民族乐器制作技艺历史悠久、品种繁多、技艺精湛，其渊源可追溯到春秋时期，历代均有所发展。清代中叶，苏州已成为江浙一带乐器的主要产地。

经过两千多年的传承发展，苏州民族乐器制作技艺以其鲜明的艺术风格和地方特色而闻名全国，主要表现为造型优美、工艺精良、漆泽光亮、音色优美。造型优美：民族乐器集工艺特色和演奏于一体，既考虑了使用的方便实用，又考虑了每件乐器的秀美造型及装饰的民族特色。工艺精良：每件民族乐器的选料、配料、木工制作、打磨、油漆、装配、定音等每道工序均细致周到、无懈可击。漆泽光亮：乐器的油漆工艺要经过几十道工序的精工细作使其外观尽善尽美，达到似漆非漆的效果，使演奏者手感光滑、顺畅。音色优美：乐器的优劣，不仅表现在外观上，最重要的一环是乐器的音质、音色，音质要深厚丰满、穿透力强，音色要甜美、纯净、圆润、明亮、平衡，还要适合演奏者的风格与审美。苏州民族乐器特色为：造型优美、简练，结构合理、不繁琐，做工精巧、一丝不苟，格调典雅、不落俗套，音色甜美、纯净，具有浓厚的民族特色，充分表现了苏州民族乐器的文化内涵和艺术风格。而这种内涵和风格乃是中国民族乐器的精粹和灵魂。

苏州民族乐器制作技艺是一种特种工艺。制作民族乐器使用的原材料主要是紫檀木、酸枝木、花梨木、竹、蟒蛇皮、牛皮、铜、锡、铝、钢材等。一件乐器的完成需要经过选料、开料、配料、木工、雕刻、漆工、镶嵌、校音等多道工序。苏州民族乐器主要有拉弦乐器、弹拨乐器、吹管乐器、打击乐器四个大类近百种。拉弦乐器主要是胡琴类乐器，有二胡、京胡、椰胡以及地方戏曲二胡等，它们的共同点是发音用弓拉奏，音色各异；弹拨乐器有古琴、箜篌、阮、琵琶、古筝等，它们以手指、指甲或拨子拨弦振动而发音；吹管乐器有笛、箫、笙、管等，它们的共同点是靠空气柱振动发音，而空气柱的振动又是靠气流冲击边棱或簧片引起的；打击乐器有编钟、锣、钹、鼓等，它们的共同点是用槌击打发音和相互碰撞发音，其发音洪亮，清脆悦耳，音质浑厚，圆润集中。为充分体现其民族特色以及苏州民族乐器的文化内涵和艺术风格，苏州民族乐器在制作上使用了雕刻、镶嵌、髹漆等传统工艺手法。

苏州民族乐器制作技艺记载和反映了民族音乐文化的发展，具有重要的历史价值。苏州民族乐器的发展，和昆曲及许多传统表演艺术的发展形成互动，具有重要的研究价值。

苏州民族乐器制作技艺 2008 年被列入国家级“非物质文化遗产名录”。

传统木船制造技艺

申报地区或单位：兴化市

兴化市有个竹泓镇，原名“竹横港”，历史上曾是出海口，由于经常发生洪水，常有毛竹横于此处，故名“竹横港”。该镇位于兴化市中部，水陆交通便利，境内河湖港汊纵横交错，交织成网，是典型的水乡地域，无船难行，小木船是当时的群众出行、生产、生活的主要工具，为此历史上该镇就形成了制造木船的工艺，且久负盛名。

据传在宋代范仲淹修筑“范公堤”之前，竹泓镇上就有了以制造沿海捕捞渔船为主的手工作坊；明代以来，主要以制造农用船和内河捕捞渔船为主；清末，竹泓木船制造已成气候，全镇以周、郑、陈、王、冯、崔、李等几大姓为主，纯手工生产农用、渔用、商用木船，并延至现今。目前全镇专业木船生产的手工艺人约八十人，六十余户，年产各类小木船近四千条。

竹泓木船制造主要以老龄杉木为主要原料，辅以铁钉、麻丝、石灰、桐油等。杉木材质结实、有韧性，所造之船吃水浅、浮力大、能载重，轻巧灵敏而且坚固耐用。整个造船工艺相当复杂，工序多、工艺难度大。从选料、备料到断料、配料、破板、分板、拼板、投船、打麻油等有十多道工序，均为手工操作。目前，竹泓木船已广泛应用于农业生产、渔业生产、交通运输、城市景区观光旅游，远销全国十多个省市，并有数百条出口到日本、荷兰、德国等西欧国家。

兴化市传统木船制造技艺 2008 年被列入国家级“非物质文化遗产名录”。

封缸酒传统酿造技艺

封缸酒是以大米、黍米为原料酿造的酒精含量一般为12%～20%的低度黄酒类酒品。封缸酒含有丰富的营养，含有21种氨基酸，其中包括特殊未知氨基酸及人体自身不能合成、必须依靠食物摄取的8种必需氨基酸，故被誉为“液体蛋糕”及“营养酒王”。

丹阳封缸酒（申报地区或单位：丹阳市）

丹阳封缸酒在历史上久负盛名。相传很久以前，江苏镇江一条街上有一口井，冒出的不是水，而是酒，此酒醇香无比。据说三国时，蜀将张飞路过此地，饮酒误事，关羽大怒，挥刀把井劈成两半，井里的酒满街横流。后来，这条街就叫“酒海街”。酒井里淌出的酒，顺着运河流到丹阳，丹阳家家户户用缸把酒封存起来，逢年过节才倒点出来招待亲友，这就是丹阳的封缸酒。而且据记载，北魏孝文帝南征前与刘藻将军辞别，相约胜利会师时以“曲阿之酒”款待百姓。曲阿即今丹阳，故丹阳封缸酒古有“曲阿酒”之称。

丹阳封缸酒以当地所产优质糯米为原料，取水质清甜、含多种无机盐类矿物质的玉乳泉水，配以特制酒药，低温糖化发酵。在酿造中，当糖分达到高峰时，兑加50度以上的小曲米酒后，立即严密封闭缸口，养醅一定时间后，抽出60％的酒液，再进行压榨，二者按比例勾兑，定量灌坛，再严密封口贮存两三年即成。其酒色棕红、明亮，香气浓郁，口味香鲜。酒度40度，含糖分28％以上，总酸0.3％。

丹阳封缸酒酿造技艺2008年被列入国家级“非物质文化遗产名录”。

金坛封缸酒（申报地区或单位：金坛市）

金坛封缸酒以地产“标米”和茅山泉水为主要原料，按照民间传统秘方精心酿制而成。“标米”颗粒整齐，色白光洁，味蕴清香，性粘滋补，是糯米中的极佳品种，更是酿酒的上乘原料。金坛封缸酒按照民间传统秘方精心酿制，然后分缸密封，隔年窖陈而成。其色泽金碧自然，不加色素，澄清明澈，酒性中和，醇稠如蜜，馥郁芳香。酒内含多类糖分、氨基酸及维生素等，营养丰富，常饮能滋补强身，扶正祛邪，是一种高级饮料酒。

金坛封缸酒起源于秦代，在金坛民间流传已两千多年。据史料记载，秦时农历霜降至次年立春，金坛民间有酿酒师走村串巷以糯米酿酒，经淘洗、蒸熟、淋净，再加入草药为糖化发酵剂，发酵后制成酒，民间俗称米酒。此米酒技艺即为酿制“封缸酒”的源头。此后数百年间，酿制技艺代代相传，并逐渐成熟。元朝末年，朱元璋东征时曾驻跸金坛顾龙山，饮得当地百姓自酿的“封缸酒”后对其赞不绝口。朱元璋登基后，金坛封缸酒被钦定为贡酒。

金坛封缸酒属甜型黄酒，与浙江绍兴酒、福建沉缸酒三者齐名，为黄酒中的翘楚。金坛封缸酒具有浓郁的地域特色，其酿制工艺精湛，是一部研究江南民间酿酒史和黄酒文化的“活字典”。金坛封缸酒是天然绿色食品，酿作成本较低，具有广泛的民间基础和市场消费前景。

金坛封缸酒酿造技艺2008年被列入国家级“非物质文化遗产名录”。

富春茶点制作技艺

申报地区或单位：扬州市

富春茶社是扬州一座以花局起家、以茶社兴盛、以餐饮享誉的百年老店。

富春茶社的创始人是扬州邑人陈霭亭，他于清光绪十一年(1885)在扬州得胜桥一巷内创建了富春花局，花局以卖花、租花为主要经营项目。清宣统二年(1910)，陈霭亭去世，其子陈步云子承父业。其时正逢辛亥革命，社会动荡，花局难以为继。于是，陈步云在花局中辟出两间房作茶座，取名“藏春坞茶社”，数月后定名“富春茶社”。从1913年开始，富春茶社供应点心。茶社请来的黄姓、陈姓两位点心师傅，制作出翡翠烧卖、千层油糕、酥饼、双麻烧饼等别具风味的富春点心。1921～1936年，富春茶社发展迅速，面点的花色品种达到一百多种，且随着季节的更替时时翻新品种。抗日战争期间，富春茶社一度陷入萧条。1949年以后，富春茶社得到振兴和发展。一直以来，富春茶社都是扬州市效益最好、声誉最佳的饮食店。

扬州富春茶点制作技艺享誉国内外。富春独创的“魁龙珠”茶是用安徽的魁针、浙江的龙井和自家花园培育的珠兰配制而成，取龙井之色、珠兰之香、魁针之味，色泽清澈，味道淳厚，清香诱人。富春点心乃淮扬细点之正宗代表，它选料讲究，制作精细，造型美观，馅心多样，甜咸适度，风味佳美。常年供应的点心品种有青菜包、鲜肉包、干菜包、三丁包、千层油糕、翡翠烧卖、糯米烧卖、笋肉蒸饺等。此外，还有随季节上市的蟹黄包、野鸭菜包、荠菜包、雪菜包、冬瓜烧卖等，时鲜味美。

富春茶点制作技艺的形成，是几代富春人继承、钻研、创新的结果。富春茶社从创建之日起，就十分注重聘请与培养一流的点心师，并且采取有效措施，让他们各自的绝技在本店得到传承。富春茶社有明确的师徒关系，师傅传授技艺一丝不苟，极其严格，徒弟学艺认真刻苦，保证“学到家”、“不走样”。在其一百多年的发展历史中，涌现出一大批杰出的经营管理者和技艺精湛的茶艺师、面点师、烹调师。

富春茶点具有平民性，它传导着一种健康的生活方式和人文理念。富春茶点既是文化与技艺、传统与现代相结合的典范，更是精神与物质相互结合又相互转化的典范。富春茶点的经典品牌、经营理念为众多“老字号”企业可持续发展提供了鲜活教材，具有弥足珍贵的价值。

富春茶点制作技艺 2008 年被列入国家级“非物质文化遗产名录”。

明式家具制作技艺

申报地区或单位：苏州市

明式家具特指自明代中叶以来，以苏州为中心的江南地区的能工巧匠，主要用紫檀木、酸枝木等硬质木材制作的硬木家具，其设计精巧、制作精致、风格简洁。苏州生产的明式家具也常被称为“苏作家具”或“苏式家具”。

明式家具的制作技艺被称为古代家具制作技艺的最高峰。正宗的明式家具不论大小，都没有一滴胶水、一颗钉子，而是以精密巧妙的榫卯技艺来结合部件，使家具能适应冷热、干湿变化，这也是明式家具能保持百年的秘诀之一。另一个令人称奇的制作技艺是明式家具的线条弧度与人体结构相适应，人坐上去不仅舒适，还有助于纠正身姿坐态。此外，苏州制造的明式家具也继承了江浙匠人精明细致的特点，做到了惜木如金，苏州工匠用灵巧的双手将木料巧妙套用，甚至连很小的木片都能派上用场。明式家具制作年代为明中期至清早期，时间跨度两百余年。经典明式家具以其材质昂贵、做工精绝、式样讲究、数量稀少而称雄。

苏州明式家具制作技艺从材料、造型、结构、工艺乃至功能等方面，都体现了江南文人雅逸、含蓄、内秀的审美情趣。明式家具用料细瘦、线形挺拔、比例适度，刚中有柔，极富韵味。木构的榫卯结构在明式家具的运用中有很大发展。明式家具的榫卯多达两百多种，比其他木构榫卯更趋多样、精密、巧妙。

设计是明式家具制作的头道工序，家具的造型、结构、雕花纹样等，全凭设计师的独具匠心。苏州明式家具木材名贵，曲线结构舒展流畅，线脚的走势极富动感，雕刻手法鬼斧神工。明式家具雕刻是我国雕刻艺术的集大成者，就雕刻内容而言，大凡山水人物、飞禽走兽、花卉虫鱼、博古器物、西洋纹样、喜庆吉祥等无所不包，丰富多彩。其清秀的造型、匀称的比例、明晰的线条，充分表现了明式家具的文化内涵和艺术气质。而其造型简洁、质朴，不仅富有流畅、隽永的线条美，还给人以含蓄、高雅的享受。它以结构部件为装饰部件，不事雕琢，不加虚饰，充分反映了天然材质的自然特性。精练、合度和科学的榫卯工艺，更使其达到了尽善尽美的境地。明式家具制作技艺的“精、气、神”在人们心目中占有不可替代的位置。

苏州明式家具制作技艺经过千锤百炼，形成了结构严谨、线条流畅、工艺精良、漆泽光亮的特点和造型简练、作工精巧、风格典雅的特色，具有很高的艺术格调。结构严谨，是指家具的构成都是靠卯榫工艺，注重结构的整体性及力的平衡；线条流畅，是指家具外观上主要以线条为主，很少雕饰；工艺精良，是指家具的选料、配料、木工、打磨、漆工等每道工序均做工讲究，无懈可击；漆泽光亮，是指家具上漆均采用生漆传统工艺，通过十几道工序的精工细作，达到似漆非漆的效果。

明式家具的品种十分丰富，保留下来的主要有凳椅类、几案类、橱柜类、床榻类、台架类等，还有作为屏障之用的围屏、插屏、落地屏风等。明式家具及其制作技艺在人们日常使用的家具领域里达到了无与伦比的高度，取得了里程碑式的成就，其完美性、合理性、实用性、装饰性达到了登峰造极的状态。

苏州市明式家具制作技艺 2011 年被列入国家级“非物质文化遗产名录”。

南通色织土布技艺

申报地区或单位：南通市

江苏南通是中国四大土布之乡之一，自明代起就是著名的棉产区，史有“木棉花布甲诸郡”之誉。传统的南通土布可分为两大类，即白坯布和花色工艺土布。白坯布数量最巨，花色布包括印染花布和色织土布等，数量虽少，却代表了南通土布染织工艺的精华和最高水平。

南通土布名目繁多，传统土布大致为两大类：本色土布（俗称大布）与花式土布（俗称蓝货）。南通大布色白质佳，声名最著，占土布总产量 70％以上，其中仅销往东北三省的“通海关庄大布”每年就达 600 万匹，为东北土布市场的巨擘。蓝货则包括青花布、色织布与特种土布制品（织带、帐纱、高丽巾等）。青花布又有青布与蓝印花布之分。青布俗名“老蓝布”，与蓝印花布一样皆为当地乡民自己种蓝草染成，是裁衣穿戴及布置家居的传统面料。蓝货中的色织土布是南通民间工艺土布（包括蓝印花布）中的上品。由于织造工艺复杂，构图用色讲究变化，为一般织户所难效仿，因此色织土布的生产自始至终囿于南通沿海地区织户中家传手授，未能推广。

南通土布采用单锭手摇纺车纺纱，旧式脚踏手投、手拉梭木机织造，以当地天然植物染料染色，牵经、络纬、穿棕、插筘、浸染、漏印等工序都保留了较原始的方法。色织土布的生产采用传统木机多梭投织,图案造型取自当地水乡景物。早期织纹有蚂蚁、芦纹、柳条、金丝银丝格等,外观素净朴实,尔后相继出现桂花、竹节、双喜等诸多纹样,用色趋于明快,花纹富于变化,织造工艺也不断突破创新,出现大量提花锦毯类品种。色织土布织造费时耗工,作价昂贵,是乡民们制作衣衫及床上用品的上等面料。南通色织土布技艺传承了中国古代手工棉纺织技艺的宝贵经验。

南通色织土布技艺 2011 年被列入国家级“非物质文化遗产名录”。

姜思序堂国画颜料制作技艺

申报地区或单位：苏州市

苏州姜思序堂创设于清乾隆年间，首创者姓姜，“思序堂”是其书画厅堂的名字，是全国著名的中国画颜料专业店铺。

以前，画家所用的颜料都是自己制作，不但费时费力，而且质量很不稳定。明清以来，苏州吴门画派名人辈出，推动了传统国画颜料制作技艺的发展。姜思序堂生产的颜料有石青、石绿、花青、赭石、朱砂、银朱、朱标、胭脂、洋红、泥金、泥银、铅粉、藤黄等品种，有些颜料还有深淡不同和轻胶、重胶之分。其生产的原料可分为矿物性、植物性、动物性、金属性和化工合成五大类。这些原料的产地分布在全国各地，有些甚至在山野密林、幽谷穷荒之处。由于各种原料的性质各不相同，制造方法也就各异，有的要推磨，有的要浸泡，有的要取其实质，有的只需上提浮膘。即使同一原料，也因有优劣之分而需善加选择。但无论何种原料，在制造颜料时都离不开用胶，胶质的好坏和施用时浓淡调配是否适当，都直接影响到成品的质量。如制造青绿颜料时虽必须用胶，但在制成时必须把胶出清；泥金泥银制造时须借胶质的粘性才能研磨；其他如花青、赭石、朱标、胭脂、洋红等质轻的颜料，更是以胶为体，成品必须熬成膏块，使用时才能便利适用。姜思序堂国画颜料厂的制成品有着浮现光泽、轻细若尘、入水即化、与墨相融、着纸能和、经久不变的特点，远销到日本、美国、西欧及东南亚各国。

姜思序堂国画颜料制作技艺 2011 年被列入国家级“非物质文化遗产名录”。

扬州毛笔制作技艺

申报地区或单位：扬州市

毛笔，古代扬州地区习惯称做“不律”。扬州的制笔师傅被人尊称为“笔先生”，他们奉蒙恬为祖师爷。每年农历三月十六（一说农历二月二十四）笔祖生日，制笔人家都要悬挂祖师爷画像，烧香燃烛，鸣放鞭炮，习字作画，演出乡土气息浓郁的扬州戏。扬州的老笔工中还流传着蒙恬造笔的故事。

隋唐以来，安徽宣城所制毛笔风行天下。元代，宣州笔的地位逐渐由湖笔代替，浙江湖州涌现出一批制笔能手。明成祖朱棣迁都于北京，许多湖笔工匠入京售笔，其后，笔工逐渐散布于大江南北。此时扬州兴教寺便有归安善连镇人王兴源制笔、修笔。王兴源制笔、修笔的心得，被著名文艺理论家包世臣记入《艺舟双楫》中。

扬州是历代文人墨客荟萃之地，旧时城内的笔庄和作坊很多。清道光年间即有韦金山笔店。扬州制笔行业一般以家庭作坊为主，大多在东乡一带，湾头、杭集、施桥、邱卜、大桥、张纲等乡镇都有毛笔作坊，尤以制作“水笔”闻名，曾被誉为“毛笔之乡”。清代江都大桥镇任氏制笔日渐兴盛，不仅开设了家庭制笔作坊，还到大桥镇塌扒街开店，使用字号为“任文元”。任文元世代制笔。任氏制笔，取材天然，工艺复杂，全凭手感、舌感和目测制作，有均、齐、理、扎、装、择等百余道工序。历经家族、师徒传承，制笔工艺传播到扬州邗江、盐城及安徽天长等地，“扬州水笔”成为中国毛笔四大流派之一。

扬州毛笔的麻胎技艺独步天下。所谓麻胎，就是毛笔笔芯尖毫以下的部分，用于吸水之用。扬州毛笔的麻胎，能够做到含水入套、欲滴不能。麻胎的原材料就是地产孔麻，这是一种草本植物，成熟收割后缠绕起来，然后加入秘制的调料进行烧煮，煮熟之后，洗净、剪断、梳理、切削，随后再和动物毛搅拌均匀，最终制成了麻胎笔芯。

毛笔的关键是笔尖。浙江湖州的湖笔选用出生不久的羊羔尖毫，质地柔软，特别适合制作小型毛笔的披毫；安徽宣城的宣笔采用的是兔毫，历史悠久；北京的李福寿毛笔资产雄厚，笔尖兼有“南羊北狼”，笔尖刚柔并济。而扬州地处南北交会之地，不少制笔名家都在扬州开过店，所以也形成了以狼毫、兔尖为主要原料的风格，并逐渐形成了书写流利、吸墨丰满的特点。

扬州毛笔中最金贵的堪称“鼠须笔”，采用淮兔背上的软毛制成。一只符合条件的兔子身上，也仅有几根可以使用，因此极为少有。中国书法史上最著名的作品——王羲之的《兰亭序》，从笔锋和韵味上分析，极有可能就是用扬州鼠须笔所作。

扬州毛笔制作技艺 2011 年被列入国家级“非物质文化遗产名录”。

苏州书画装裱修复技艺

申报地区或单位：苏州市

我国的装裱技艺始于东汉初年，装裱艺术历唐至北宋达到高峰，被称为“宣和装”。明宣德以后，吴中书画名家辈出，书画重心渐渐转移到苏州，苏州继承了米芾时的优良传统，随后数百年，苏裱的影响跃居全国之首，号称“吴装”，受其影响较大的有江苏扬州、北京、上海、山东等地。

书画装裱分为三类：一为“红帮”，裱式简易；二为“行帮”，专裱普通书画；三为“仿古装池”，专为书画名家和鉴古收藏家装潢珍贵新旧书画。古旧书画修复在装裱新画的基础上另有漂、揭、洗、刮口、上胶矾、贴直条、隐补、全色等步骤，而其装裱手法沿革宋朝装裱款式，全部采用“宣和装”。

苏裱从明代起受吴门画派影响，在长期的发展过程中形成了自己独特的艺术风格，其特点主要是：选料精良，配色素雅，装砑熨帖，款式多样，裱工精佳，充分凸现了苏州吴地的地域特征。新书画作品通过装裱，能张挂欣赏，其绘画性得以充分体现，也能更好地展示作品之精神；古旧字画通过修复，能恢复书画作品之原有面貌，使传统文化艺术得以抢救、保护、延续、传承，后人通过画面能直观地了解历史、政治、经济、生活和民俗方面的情况。苏州书画装裱技艺因其与书画、文化的高度结合，更使艺术、文化的影响得以延续和扩展。

苏州书画装裱修复技艺 2011 年被列入国家级“非物质文化遗产名录”。

碧螺春茶制作技艺

申报地区或单位：苏州市吴中区

苏州碧螺春是中国十大名茶之一，产于苏州市太湖洞庭山。太湖水汽升腾，空气湿润，土壤呈弱酸性或酸性，质地疏松，极适宜茶树生长，由于茶树与果树间种，所以碧螺春茶叶具有特殊的花果香味。据地方史记载，苏州种茶始于两晋南北朝，唐代陆羽所著《茶经》就有茶叶出自“长洲县（今苏州市）洞庭山”的记述。宋朝时，此茶已作为贡茶。清初，洞庭茶俗称“吓煞人香”，据清代王应奎《柳南续笔》记载：“洞庭东山碧螺峰石壁，产野茶数株，每岁土人持竹筐采归，以供日用。康熙某年，按候采者如故，而其叶较多，筐不胜贮，因置怀间，茶得热气，异香忽发，采茶者争呼吓煞人香。”康熙皇帝南巡太湖，当时的江苏巡抚进献此茶，康熙饮后，龙颜大悦，赞不绝口，又觉茶名不雅，遂以该茶色碧形曲似螺，采于早春为由，钦定茶名“碧螺春”。

碧螺春茶名之由来，还有一个动人的民间传说。相传太湖的西洞庭山上住着一位勤劳、善良的孤女，名叫碧螺，她美丽、聪慧、善歌。隔水相望的洞庭东山上，有一青年渔民阿祥，他勇敢、正直、乐于助人。碧螺姑娘婉转的歌声常常飘入正在太湖上打鱼的阿祥耳中，阿祥对碧螺心生倾慕，却无由相见。某年，太湖有恶龙蟠居湖山，欲强娶碧螺做“太湖夫人”。阿祥为救碧螺潜游至西洞庭，与恶龙交战七个昼夜，身负重伤，碧螺为了报救命之恩，把阿祥抬到自己家里疗伤。碧螺在采药时发现阿祥受伤流血的地方长出一株茶树，枝叶繁茂，遂将这株茶树移植到洞庭山上精心栽种。清明刚过，那株茶树便吐出了鲜嫩的芽叶，而阿祥的身体却日渐衰弱。碧螺在万分焦虑之中，陡然想到山上那株以阿祥的鲜血育成的茶树，于是她以口衔茶芽，泡成了翠绿清香的茶汤，阿祥饮后，精神顿爽。于是碧螺每天清晨上山，以口衔茶，揉搓焙干，泡成香茶，以饮阿祥。阿祥的身体渐渐复原了，可是碧螺却劳累过度，憔悴而死。阿祥悲痛欲绝，遂与众乡邻将碧螺葬于洞庭山上的茶树之下，并将茶树称为碧螺茶。

碧螺春茶按国家标准分为五级，分别为特一级、特二级、一级、二级、三级。炒制锅温、投叶量、用力程度，随级别降低而增加。早春叶芽稍露，梢头“一旗一枪”时即要采摘，称为“青头”。制成 500 克特级洞庭山碧螺春需“青头”6 万个，是名副其实的“心血茶”，加之制作过程极其繁琐、讲究，价值极高，因此身价非凡。

洞庭山碧螺春种植地，光照柔和，长年受太湖雾气滋润，并饱吸四季花果之香。得天独厚的生态环境，孕育了洞庭山碧螺春超凡脱俗的高雅品质。洞庭山碧螺春被誉为“茶中仙子”、“天下第一茶”，外形条索纤细，卷曲呈螺，茸毛遍体，银绿隐翠，冲泡后汤色碧绿，清香高雅，入口爽甜，回味无穷，以形美、色艳、香浓、味醇闻名中外。

碧螺春制作技艺 2011 年被列入国家级“非物质文化遗产名录”。

中医传统制剂方法

雷允上六神丸制作技艺(申报地区或单位:苏州市)

苏州雷允上六神丸是依据我国中医中药“以毒攻毒”原理制造的具有特效的黑色丸状结晶药物,它小若芥子,圆整光亮,服用剂量小,制作精细,疗效极佳,是吴门医派中的微丸代表药物,一百多年来,饮誉海内外。

苏州地处温带,气候温和,雨量充沛,温病高发,因此,逐渐形成了具有重要影响的吴门医派。北京同仁堂的中药大多以大丸的形式作为宫廷用药,而苏州雷允上中药是以微丸的形式,药量小,价格便宜,专门用于为老百姓防病治病。雷允上六神丸就是其中的代表药物。

六神丸自清代同治初年一经问世就享有盛名,其独特的微丸制作技艺是雷允上独有的,包括对原药材的处理,都有其独特之处。六神丸从选材到泛丸到最后成型均由人工完成。泛丸是中药的传统工艺,但要泛制成如六神丸这样小如芥子的丸药,一般的中药行业是做不到的。因此,国家将六神丸的处方、工艺均作为保密的重点,严禁参观、介绍。现代制药技术突飞猛进,中药传统的技艺也逐渐被替代,但是直到现在,六神丸还是保持它古老的制作工艺,具有独特的历史价值、文化价值和科学价值。

六神丸的制作遵循传统，其药材、用料及生产方式始终不变，对于急性咽炎、扁桃体炎等疾病，用药不多，起效极快，一百多年来经临床应用，享有“疗效如神”的美誉，足见其强大的生命力。

雷允上六神丸制作技艺2008年被列入国家级“非物质文化遗产名录”。

致和堂膏滋药制作技艺（申报地区或单位：江阴市）

致和堂是清光绪十六年（1890）由江阴名医柳宝诒在当地创办的一家药店，又称“柳致和堂”。由于柳宝诒医术高明，济世有方，上门求医者应接不暇，所以柳致和堂盛极一时，在中医界有“南有胡庆余堂，北有同仁堂，中有柳致和堂”的美誉。致和堂膏滋药制作是柳致和堂传统的医药项目，已有一百多年的历史。

柳宝诒创设的柳致和堂膏滋药的特色，首先是膏方因人而异，品种多样。一是选用古代经典方、陈方，特别是柳宝诒的经典处方，适当加以调整充实，具有卓著的效果。二是绝大多数为当代名中医经过诊断开出的处方，膏方的配药、用量，严格按照进补者的实际情况，结合进补者所在地区、年龄、体质及病情等不同情况合理配制。三是膏方用药地道，精益求精，采用上等药材，杜绝以次充好。不少药材直接从产地直接购进，确保药材纯真。在用药分量上做到足斤足两，保证有足够的药效。在此基础上，还严把清理、清洗关，精心炮制成饮片，确保膏滋药用药优质洁净。而且，在制作上严格采用传统的工艺流程，膏方的制作要经过药料浸泡、煎煮、浓缩、收膏、存放等几道特定的程序和严格的操作，原料加工采用传统工艺，不添加任何化学成分，操作全凭经验掌握。每道制作工序都由经验丰富的老医师严格检查监督，确保膏滋药的质量。

柳致和堂自开设至今，从未间断应用传统制作工艺制作膏滋药。这与江阴的历史人文环境具有密切关系。江阴的中医药历史悠久，名医辈出，精英荟萃。境内中草药资源丰富，品质优良，民间养生、保健蔚然成风。柳致和堂膏滋药深受群众欢迎，据统计，仅2006年大众医药的膏滋药销量为3280料，中药饮片销量为30万公斤。

致和堂膏滋药制作技艺2011年被列入国家级“非物质文化遗产名录”。

季德胜蛇药制作技艺（申报地区或单位：南通市）

季德胜蛇药系一代著名蛇医季德胜先生在继承季家六代祖传秘方，并在医治蛇毒技艺的基础上，结合自身几十年的捕蛇疗伤解毒的实践经验研制而成的著名蛇药。

传奇色彩极浓的一代蛇医季德胜先生祖籍江苏宿迁，他一生与蛇为伍。解放前，季德胜作为生活在社会最底层的“蛇花子”，闯荡江湖数十年，解放前夕定居南通。1954年，市政府为挖掘民间医药，遍寻名品古方。当时的市卫生局和著名中医朱良春诚邀季德胜出山。经历新旧社会两重天，饱尝人间辛酸和新社会政府关爱的季德胜，毅然决定把凝结着季氏家族六代人心血的蛇药秘方献给人民，先在中医院小批量试产，后由市政府指定南通制药厂独家生产。

季德胜蛇药将十多味具有清热解毒、消肿定痛、息风制痉、止血强心的动植物药材冶为一炉，所以不仅在医治毒蛇、毒虫叮咬方面具有神奇独特的疗效，在抗病毒、镇痛及医疗保健范围内的功效也日益显见，应当说季德胜蛇药的疗效已远远超过了其他单方蛇药。

季德胜蛇药制作技艺2011年被列入国家级“非物质文化遗产名录”。

苏州端午习俗

申报地区或单位：苏州市

苏州端午习俗与众不同：它非祭祀屈原而是祭祀伍子胥。伍子胥公祭活动是苏州端午节的一个重要组成部分。端午之于苏州不仅仅是传统的民间岁时节庆，更是一种同苏州古城同样古老的非物质文化遗存。

据考古发现，新石器时代吴地有一个名百越的部族。他们以龙为图腾，自比是龙的后代。每年端午不仅舟楫竞渡，取悦蛟龙，还把各种食物装入竹筒，裹以树叶，投入水中，与龙共食。纪念龙神就成了苏州端午节的最初由来，而这也是端午节最热闹的活动。其时鼓声激越，人声鼎沸，百姓群聚河边，争看水上健儿划龙舟夺锦标。

后来，苏州端午节增加了祭祀伍子胥的内容（传说苏州古城是由伍子胥建造的）。伍子胥的故事家喻户晓，他被夫差赐死，尸首被装入牛皮袋，投入河中，所谓“死无葬身之地”，是日正是五月初五，端午。于是，民间盛传“子胥死，水仙生”。从此，“祭伍子，迎水仙”就成了吴地端午的重要内容。伍氏后人都会在端午聚集苏州，祭祀仪式后，伍子胥后人和百姓争相往河中抛扔粽子，放生泥鳅和河蚌，场面蔚为壮观。

伍子胥死后两百多年，也是端午节，楚地汨罗江畔的屈原抱石投江，后来人们也以相同的方式祭祀这位伟大的诗人。至于端午的其他习俗，全国大同小异。端午食粽，粽子已成为端午代表性食物，名气最大的莫过于嘉兴。但苏州地产粽子也着实让人开眼，就其外形而言有三角粽、枕头粽、小脚粽、元宝粽、子母粽、糕粽和笔粽等，琳琅满目；粽子的内容更是五花八门，数不胜数。另外的习俗还有门悬菖蒲、苦艾，口饮雄黄酒辟邪，挂香囊，烧五毒驱毒。

苏州端午习俗2006年被列入国家级“非物质文化遗产名录”，2009年作为中国端午节习俗的重要组成部分被列入世界“人类非物质文化遗产代表作名录”。

秦淮灯会

申报地区或单位：南京市

秦淮灯会是历史上广泛流传于南京，特别是秦淮夫子庙地区的大众文化活动，又称“金陵灯会”、“南京灯会”。主要活动集中在每年的中国传统节日春节至元宵节期间，是本土文化与外来文化长期融合的独具魅力的民俗文化现象。

秦淮灯会历史源远流长，早在南朝时期都城南京就举办传统元宵灯会，曾出现过“灯火满市井”的壮观场景，其盛况堪称全国之冠。明代开国皇帝朱元璋建都南京后，为了招徕天下富商建设南京，营造盛世氛围，竭力提倡灯节这一盛事，下令在秦淮河上燃放万盏水灯。由于历代统治者的倡导，元宵节燃灯活动遂成定规，一直兴盛至今。现在的秦淮河一带，元宵节早已成了一个扎制花灯、张灯结彩、以灯造景、借灯赏玩的传统节日，形成南京元宵节一大特色，“家家走桥，人人看灯”，“银烛影中明天下，相逢俱是看灯人”。南京逐渐开始享有“秦淮灯彩甲天下”之美誉。

秦淮灯会作为南京民众难以割舍的传统习俗，从一个侧面客观地反映了不同历史时期南京地区的社会活动。每年灯会开始后，广大市民和游客便涌向花灯海洋般的夫子庙。“老南京”有句俗话：“过年不到夫子庙观灯，等于没有过年；到夫子庙不要张灯，等于没过好年。”举办灯会时，各地游客一起涌向夫子庙，赏灯、玩灯和闹灯景况蔚为壮观。仅元宵节这一天，就会有近三十万人观赏灯会。

秦淮灯会也是金陵文化的重要组成部分，就秦淮灯会中所展现的内容来看,其中诸类民间艺术基本上都是雅俗共赏的艺术,与南京及秦淮的传说、典故、名胜、民俗、风情和时代发展等密切相关,一些传统伦理道德也蕴含其中。广大灯彩艺人在灯彩制作过程中,在结构、造型等方面善于借鉴文学艺术中的夸张变形、对比呼应、抽象写意、象征借喻等表现技巧,突出形式与趣味的探求、传统与现代的交接,讲究丰满浑厚、简约夸张等艺术布局,进一步强化了艺术表现技法和制作手段,体现了大俗大雅的艺术风采。

秦淮灯会 2006 年被列入国家级“非物质文化遗产名录”。

苏州甪直水乡妇女服饰

申报地区或单位：苏州市

苏州甪直水乡妇女服饰是生活在苏州以东，吴县甪直、胜浦、唯亭、陆慕一带的农村妇女一直保留着的传统民俗服饰，她们以梳愿摄头，扎包头巾，穿拼接衫、拼裆裤、束倔裙，裹卷膀，着绣花鞋为主要特征的传统服饰颇具江南水乡特色，获得了苏州"少数民族"之称。苏州甪直水乡妇女服饰又称"青莲衫子藕荷裳"。

"青莲衫子藕荷裳"由包头、拼接衫、绣裙、腰带、百衲绣花鞋、肚兜以及卷膀组成。其服饰的地方特色非常浓郁，传承性相当稳定，但随着季节的变化、年龄的差异和礼仪的需要，其服饰也会发生明显的差别。

一般来说，春秋季节服饰的特点尤为突出。春秋季服饰上装以拼接衫为主，面料多以花布、土布、深浅士林布为主，色彩对比鲜明，鲜而不艳、艳而不俗，常由几种色彩的面料拼接而成，剪裁得体，缝工精细，装饰性很强。它的特点也是通过服装的装饰工艺体现的：有拼接、滚边、纽绊、带饰、绣花等。而裤子多用蓝地白印花布或白地蓝印花布，裤裆用蓝或黑色士林布拼接。这些服饰最初由于受布幅的限制而拼接，并由实际需要的拼接发展到主观意识的拼接，但无不讲究整齐、均衡和对称的形式美。腰部的绣裥裙也很有特色，其长度齐膝，下摆较大，设计很实用，方便农忙和日常生活。裙搁极细，搁面和裙带上均有不同工艺的花饰，裙外面系上一条小穿腰，穿腰上缝着一个大口袋，穿腰四周及带上绣着各种图案的花纹，是服饰中的重要装饰物。

水乡妇女服饰随着年龄的大小，有着不同的变化。年轻的姑娘喜欢色彩鲜亮的毛巾包头，露出乌黑发亮的辫子，身穿小花头的大襟短袄，花布滚边，小琵琶扣，腰间一抹士林蓝布百褶小围裙，腰兜绣有各种图案，蓝色的彩带头缀有红绿流苏，裙下一条藏青布裤，脚踏绣花滚边圆口布鞋。老年妇女的服饰一般都用深色，头发上罩着黑色的网巾，布裙大多也是黑色，穿着要求舒展宽大，给人古朴、庄重之美。中年妇女的装束则清雅一些，素色的包头毛巾，头上梳扎着彩绳的发髻，发髻上竖插银荷花板，横插银簪。水乡妇女很重视愿摄头的梳理和装饰，她们在乌黑的头发、硕大的发髻、众多的饰品之外，辅以精美的包头巾和服饰，显示出自己的心灵手巧和端庄秀美。

最奇特的是水乡女人的鞋，其鞋形颇似小船，不分左右。鞋帮两块合成，鞋面绣花为主，色泽鲜艳，花样繁多，被称为船形绣花鞋。船鞋的做工十分精细而且坚固实惠，是水乡妇女传统的礼鞋。

对水乡人来说，特有的服饰来源于生活。因地制宜形成的生产、生活服饰，具有浓郁的江南水乡特色，是实用性和艺术性的巧妙结合。研究表明，这种服饰可以追溯到距今五六千年的稻作农业经济初期。妇女在农田里劳作时，经常受到水生动植物的侵害，于是将衣袖口和裤脚口制作得很小，只能勉强穿进去；在插秧、耘稻、收割的时候，妇女常常被风吹日晒，手脚沾泥，肩部、肘部和袖口等部位最易破损，于是包头、裙、束腰、拼接衫等应运而生。以双色相间的三角包头、独特别致的大襟纽绊拼接衣裤、飘逸洒脱的绣裥裙、五彩斑斓的束腰带、瑰丽多彩的百衲绣花鞋、古朴简洁的胸兜、简便实用的卷膀为其典型特征，十分适宜水乡妇女农耕劳动的需要。

角直水乡妇女服饰的主要特点是显、俏、巧，在用料、裁剪、缝纫、装饰等方面都极其讲究，拼接、滚边、纽绊、带饰和绣花等工艺的巧妙应用堪称一绝，色彩上的组合也不拘一格，这些在汉民族服饰中都极为罕见，集中反映了水乡地区传统的审美观念。

苏州角直水乡妇女服饰 2006 年被列入国家级“非物质文化遗产名录”。

溱潼会船清明习俗

申报地区或单位：姜堰市

古镇溱潼，是位于江苏北部里下河腹地的姜堰、东台、兴化三市交会处的水乡。每年清明节，溱潼都要在溱湖国家湿地公园隆重展开全国规模最大的水上狂欢——清明大会船。溱湖周边的儿女，不论身处何地，这一天都会赶回家中。这是当地的风俗，百年不变。这一独特的清明文化使“溱潼会船”被列入全国十大民俗节庆活动，成为享誉世界的“世界最大的水上狂欢节”。

溱潼会船历史悠久，原名为清明会，又称清明盛会，是溱潼地区民俗节日的独特表现形式。有关溱潼会船的来历，至少有“岳飞抗金”、“朱元璋寻祖坟”、“神童关抗倭”、“祭拜真武大帝”等几种传说。

岳飞抗金说。南宋高宗建炎四年(1130)，岳飞任通泰镇抚使兼泰州知州。山东义民张荣、贾虎率众归附岳飞麾下，转战溱潼，与金兵大战于缩头湖，迫使金兵逃奔楚州，义民伤亡亦甚重。当地百姓将阵亡义民安葬后，于每年清明节撑船祭奠这些无主坟，渐渐演变成会船习俗。

朱元璋寻祖坟说。明朝开国皇帝朱元璋登基后，欲寻找自家祖坟祭扫父母，却不知父母死于何处、坟墓建在何地，便采纳谋士建议，于清明节翌日寻找无人祭扫的无主坟。他乔装打扮，坐船至江淮一带寻找祖坟。溱潼里下河一带百姓为朱元璋的孝心感动，纷纷于清明节第二天祭扫无主坟，逐渐形成会船习俗。

神童关抗倭说。明嘉靖年间季春时节，倭寇侵入姜堰华港镇神童关一带，一位八岁神童持竹篙与倭寇搏斗，当地民众亦组织船队配合官兵，以竹篙与倭寇搏斗，大败倭寇。后此处便称“神童关”。后人将篙子船会作为一种习武练兵的形式，在清明前后进行水上操练，后演变为会船。

祭拜真武大帝说。唐朝某年农历二月十五大水，河面漩涡中漂来一只神柜，柜中有一尊菩萨。一白胡子老人说：将此菩萨供奉起来可以消灾降福。民众拆柜供奉菩萨，果然未受水灾。这尊菩萨便是真武大帝。此后民众相传每年农历二月十五，向真武敬第一炷香能得最多的福祉和保佑。于是这一天当地和附近民众争相至庙中敬第一炷香。因河道狭窄，撑船前往的民众争先恐后，沿袭成撑船争先祈福的习俗。

由于会船的起源有别，原姜堰各地会船的时间也不一样。桥头镇一带是农历二月十五，华港镇一带是农历三月十八，溱潼镇一带则在清明节的第二天。实际上，过去姜堰里下河一带会船活动在清明前后要进行许多天。后来，泰县（今姜堰市）人民政府将百姓这一自发的会船活动逐渐组织起来，于 1991 年正式命名为“溱潼会船节”，节期为清明节后第二天。民众的一些小范围自发会船活动仍在清明节前后举行。各地会船地点原先比较分散，后因溱潼喜鹊湖湖面开阔，便于赛船，便逐渐汇聚到这里，规模一年胜似一年，说法上也统称为“溱潼会船”。

溱潼会船与世界各地赛船的最大区别在于溱潼会船的主要形式是用竹篙撑船。溱潼会船是国内唯一保存最为完整、最具有原生态特质的水上庙会。祭孤野坟茔说是罕见的极具人文价值的民俗。溱潼会船时船的种类齐全，篙船是溱潼会船的主体，平时叫“丫梢子”，此外还有范船，水手为女性，以演唱为主，不参与比赛，供船则是过去供奉菩萨和祭祀亡人的船。

溱潼会船的程序千百年来固守着特定的模式。选船、试水、铺船、赴会、赛船。各地在赛事结束返回原地后，还要举行演戏、酒会、送头篙三项活动，此后这一年的会船活动才算正式结束。

溱潼会船清明习俗 2008 年被列入国家级“非物质文化遗产名录”。

金坛抬阁

申报地区或单位：金坛市

金坛"抬阁"是若干童男童女扮演成古装戏剧人物，悬立在数层四方形阁架上，由人抬着并配之以吹打器乐浩荡出行的一种传统杂技娱乐形式。金坛"抬阁"起源于明代，是一种融戏剧造型和杂技娱乐表演为一体的大型民俗活动。

金坛"抬阁"源自古时的"细打锣鼓"。南宋年间，金兵进攻金坛城，岳王带兵奋勇抵抗。金兵败退后，逃难的百姓重返故里，便用各种形式欢庆胜利，其中最盛行的一种娱乐形式是"细打锣鼓"。初始，"细打锣鼓"尚无固定节奏，表演形式也较为单一。至明初，戚继光带兵打败侵扰金坛的倭寇，并将金坛的城墙加高了三尺。金坛百姓欢庆时，遂在"细打锣鼓"的基础上，加配了从湖北移植的"抬阁"进行杂技造型表演。

最初的"抬阁"规格较小，内容单调，后经金坛民间艺人改造创新，不断发展，使之既吸收了湖北"抬阁"的长处，又融进了金坛本土的内容特色，从而独树一帜，更具娱乐性和观赏性。清末民初时的庙会中，金坛曾同时出现过七支规模浩大的"抬阁"，成为社会民生和地域文化的一大景观，其万人空巷的盛况让许多老一代人至今记忆犹新。

"阁"的制作是以木桩和插销为"骨"，以"桩"载人，分层连体固定。出行时由十六个壮汉"八抬八插"，即八人用肩抬着，八人用扛插撑着。"阁"为六尺长、五尺宽的长方形座架，有四条腿的长方底座，底座中以木杆为支架，饰有假山、曲桥、栏杆、花卉、绿荫和亭台。“阁”以“桩”为依托上下连成一体，由上至下分五层，分别为顶桩、二桩、三桩、四桩和末桩，上下高达两丈五尺。“阁”上共有五至七个装扮成各种戏剧人物的童男童女（年龄均在十岁左右）。

经过历代民间的传承和改造，特别是民初、抗战时期和建国前后三个发展阶段，金坛“抬阁”已形成了独特的本土风格。其造型典雅，内容优美，加上铿锵有节奏的吹打乐相伴，气氛浓烈，场面壮观，犹如一个个抬在肩头上的流动戏台，一直为人们所喜闻乐见。其内容、造型和规模以及相配应的吹打器乐，都有十分鲜明的江南地属特征。金坛“抬阁”又是一种与传统戏剧结合得甚为紧密的杂技表演艺术，属民间艺术中的稀有珍贵品种，对于探讨传统戏剧和民间杂技的组合发展具有较高的学术研究价值。

金坛抬阁 2008 年被列入国家级“非物质文化遗产名录”。